救助船の窓から見える水平線。気づくと私はまたここに戻ってくる。

船上の助産師

小島毬奈

ほんの木

目次

序章　まさか船で働く日が来るなんて

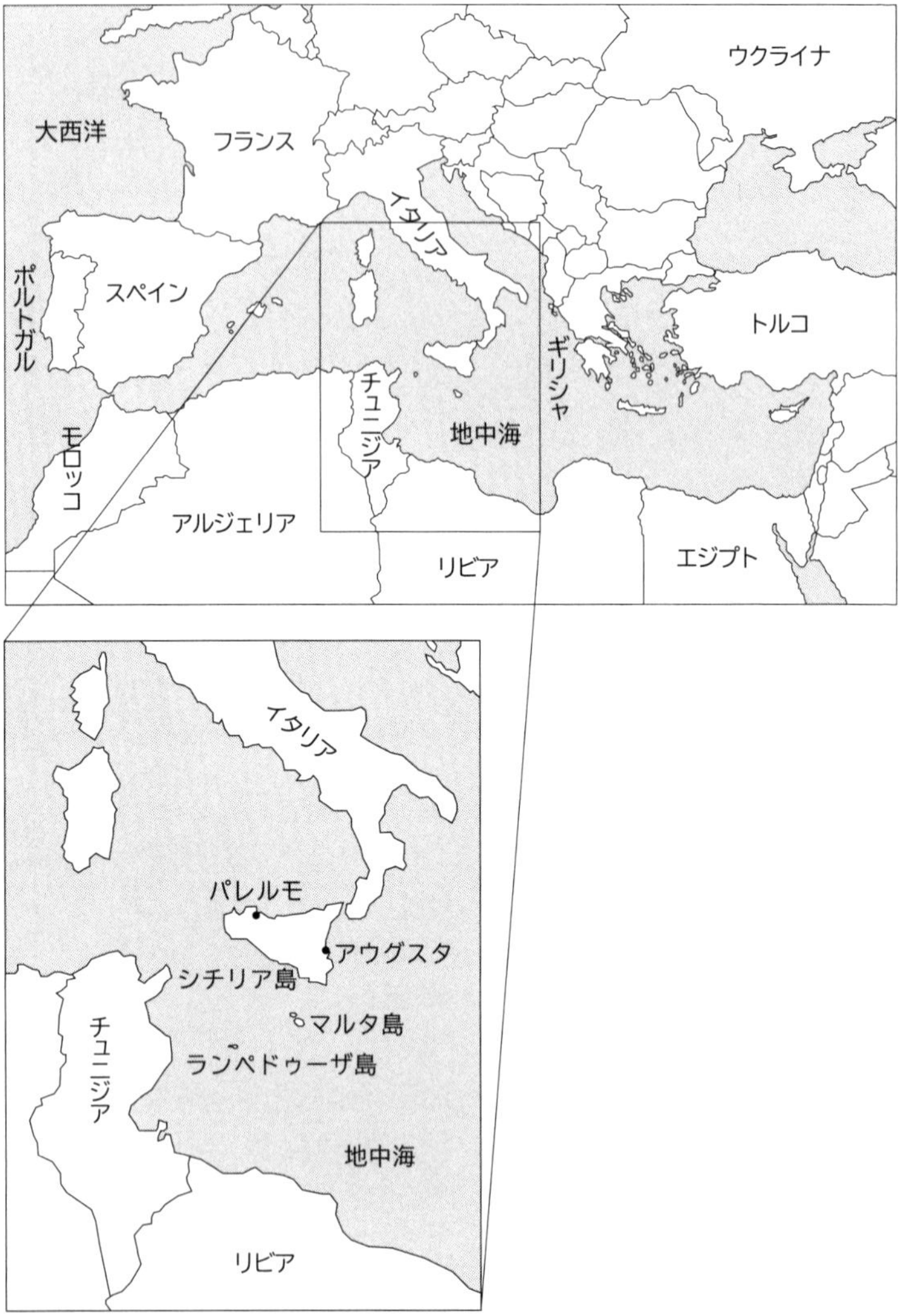
ウクライナ
大西洋
フランス
イタリア
ポルトガル
スペイン
トルコ
ギリシャ
チュニジア
地中海
モロッコ
アルジェリア
リビア
エジプト
イタリア
パレルモ
アウグスタ
シチリア島
マルタ島
チュニジア
ランペドゥーザ島
地中海
リビア

拡大図

２０２４年６月、いつものコンバースの靴を履き、空港へ向かう。助産師になったあの春、まさか海外、しかも船で働く日が来るなんて思ってもいなかった。東京の病院で鬱々と働き、洗濯機の中でぐるぐる回されるように働いていた。年々感じる自分の成長の鈍化、増える責任と女社会特有のややこしい上下関係に心はいつもぐったりしていた。ここから逃げ出す方法はないかと、夜勤中に海外で働く方法をネット検索していた日々が今では懐かしい。

２０１４年から、助産師としてアフリカ、アジア、中東、ウクライナなど紛争地で働いた。その中で、２０１６年に初めて行った救助船での仕事が、人生のターニングポイントとなった。助産師として働く自分の着地点の一つが地中海の船だったのは自分でも意外だ。

北アフリカのリビアから、ヨーロッパへ行くために地中海を渡る人々の船は30年前から存在したが、２０１１年にカダフィー政権が崩壊し、それ以降激増した。

２０１３年、「ランペドゥーザの悲劇」と呼ばれる、リビアからイタリアに向けて渡る移民の船が沈没し３６０人以上が死亡する事故が起きた。「二度とこんなことが起きてはいけない。ヨーロッパは目を閉じている場合ではない」と当時の欧州委員会委員長、ジョゼ・マヌエル・バローゾは言った。しかし、2015年には、百万人を超える人々が海を渡った。いまだに苦しい立場にある人たちは、密航業者に乗せられたボートで海に放り出され、危険を顧みずに海を渡り続けている。

自然は人間よりもはるかに強い。青く広がる空と灼熱の太陽、大雨や雷が連れてくる高波、次々と見せる自然の表情に船上の私たちは、なす術もなく翻弄される。2015年から今まで2万8千人以上が地中海で亡くなっている。海のベッドで安らかに眠れるわけもなく、遺体が回収されることもない。船から見る夕日は息を呑むほど美しい。しかし、同じ場所で繰り返されている事実は言葉にならないほど悲惨な状況だ。それでも、私はまた船に戻る。

人道支援の活動を通して、世界の矛盾をこの目で見てきた。ときには理不尽な政治に腹を立て、自分自身のやっていることが正しいのかと葛藤したり、救助した人たちに本気でムカついたり、人種差別を受けたり、組織内政治に呆れたり……。そうかと思うと、たまには笑ってしまうような失敗も。そこには、たくさんの人間ドラマがある。人道支援の現場は、世間一般に映るような「可哀想な人を助けて偉い」という単純な話ではない。

自分のしている仕事によって作られる世界が、ちゃんと自分の理想に続いていくのかどうかはわからない。それでも、ライフジャケットとヘルメットに安全靴という、全く助産師っぽくない格好で今日も私は甲板に立つ。

小型高速船のプラットフォームに立つ私。

1章

落ちこぼれ看護学生が救助船に乗るまで

地獄の看護学校生活

今でも思い出す、地獄の看護学生時代。生まれ変わったら、二度と看護師にはならないと決めているほど、私の学生生活は暗黒の時代だった。

いまだに多くの日本の看護専門学校は閉鎖的な場所で軍隊か刑務所か、はたまた取り残された昭和の空間かと思えるほどだ。髪の毛は黒、髪を結ぶゴムも黒、靴下は白でくるぶしが隠れる長さ。挙げ句の果てに、私服まで「看護学生らしい服装をしなさい」とダサい服を着たおばさん教員に言われる。おしゃれなビリケンシュトックのサンダルを履いて行くと反省文を書かされた。

勉強面でも、超がつくほどの劣等生。再試はいつもスタメン。教員には常に目をつけられ「あなたには看護師になって欲しくありません」と言われ、実習先から強制送還されたこともあるほどの問題児であった。でも、教員の思い描く優秀な学生にはなれないし、なりたくもなかった。こんな閉鎖的空間に収まり、誰かのものさしの中で生きる常識的な優等生になっては、人としてダメになると強く思っていた。そんな私が、今では大学や専門学校で講師として授業を依頼されるという驚愕の事実。人生、何があるかわからない。

２００８年3月に看護学校を卒業したあとは1年制の助産学校に進学した。女子のみの全寮制で、夜は在寮確認の点呼があり、門限は22時。遊びたい盛りの20代前半、もちろん門限なんて守るわけもないけれど。実習に行けば指導者はやたら怖いし、無視されるなんて当然。寝ずに書いた記録用紙を見てもくれず、突き返されることも当たり前だった。実習で精神的に疲労が溜まってくると、どうしてもいざこざが起きやすくなる。疲れて帰った寮の中でも人間関係はギスギスしていた。でも、助産学校は1年間だったので、過ぎてみればあっという間だった。

そして２００９年4月、病院に就職した。常に監視されているような学生時代から抜け出し、少し羽ばたいた気持ちになったのも束の間、そこには年功序列の女社会が待っていた。ゴミ出しや休憩室でお茶を入れるのは新人、先輩の仕事が終わるまで帰ってはいけない……今思えば、こういうこまごまとした雑務は私のメンタル面での脚力になったのかもしれないが、独自の暗黙のルールが本当に嫌いだった。それでも4年3か月働いた。

次に働く職場も決まっていなかったが、上司とのすれ違いもあり、病院をやめた。そのとき、すでに海外で働くことがうっすら頭に浮かんでいた。本気で生きなかった人生を後悔するのは自分。病院をやめてプー太郎になった今、もう失うものはないとインターネット検索し、見よう見まねで英語の履歴書を書き始めた。それが自分の道なら開くし、そうでなければ自分の道じゃない。

え、面接に受かってしまった！

そもそも、国際協力には興味がなかった。海外で働くってかっこいいかも！　という単純な動機だった。日本でしか働いたことのない私がまさか受かるわけもないと国際的なＮＧＯ国境なき医師団（ＭＳＦ：Médecins Sans Frontières）に履歴書を送ると、あっという間に面接の日になった。忘れかけていたポンコツ英語での面接だったが驚いたことに受かってしまった。２０１３年の年末のことだ。日本の病院をやめて半年、これが29歳の冬に私の人生を劇的に変えるきっかけとなった。結果、人道支援に縁もゆかりもなかった私が、最終的に救助船の仕事に吸い寄せられていったのは、単なる偶然ではなかったかもしれない。しかし、よく誤解されるけれど、信念や意識高い系の思想があったわけではない。

それから、通算20回ほどの支援活動を通して色々な経験を積み、学びを得た。世界中のたくさんの人たちと出会い、世界中に友だちができて私の視野を広げてくれた。おかげで大好きな救助船の仕事にも出合えた。

そして、世界の紛争地から見えるこの世界の闇。今では「戦争って儲かる」そんな視点でニュースと現場のギャップを照らし合わせて見るようになった。

救助船が出てきた背景

地中海に面する北アフリカのリビアには、その地理的要因からイタリアに向けてボートで渡る人々が30年前から存在していた。リビアは、オイルマネーで潤い強い経済力があったが、カダフィー政権が民主化運動「アラブの春」で２０１１年に失脚すると、国の治安が悪化し、情勢不安が全土に広まり内戦に陥った。そのため国境管理は甘くなり、密入国者が増え、その人たちを粗末な船で地中海に送り出す密航業者が幅を利かせるようになった。結果として、リビアは合法的に欧州に行けない人たちを密航させるビジネスの拠点になっている。

国連の報告書では「移民はリビアに入国した瞬間から、組織的な虐待の連鎖に晒されている」と言われている。戦時下に生まれ、学校にも行けず物乞いをしながらやっと食べ物にありつく日々。ヨーロッパに行けばいい仕事があると甘い言葉で誘われ、より良い生活を夢見て密航業者に金銭を支払った多くの人がリビアを目指す。サハラ砂漠を何日もかけて渡り、途中で熱中症や脱水症で息絶える人もいる。リビアの国境まで行くのさえ過酷な旅なのに、何とか国境までたどり着いても不法入国者として捕まったり、人質として拘束されたりする。拘束された人質の家族は、さらに身代金を要求され、払えなければ売り飛ばされるか殺されてしまう。数万円で売り飛ばされた人質は、鉄パイプで殴られたり、電気が通るワイヤーで体を縛られたり、男女問わずセックスを拒否すれば銃で脅される。奴隷としてある程度の期間働くと、ボートでイタリアに行くチャンスがやってくることもある。このように政府がろくに機能しておらず、腐敗し切った国では、大きな収入源である人身売買がなくなることはない。移民の奴隷化、人身売買の深刻化という人権問題には警察までもが関与していると言われている。

多くのアフリカ諸国では、いまだに貧困は大きな課題である。鉱物資源を持つ巨大大陸では、高額な資源を求め多くの先進国が熾烈な競争をしている。そこに腐敗政権の利益追求が追い打ちをかけ、現地の人は、幼い子どもも含め驚くほど安い賃金で働かされる。彼らの汗は、反政府武装集団の活動資金の確保に利用されるか、先進国に流れるか。豊かな資源が国民を豊かにすることはない。

リビアだけでなく、アフリカ諸国の女性たちには売春の強要やレイプが日常的に行われる。船の上で出会った妊婦の半分以上は売春やレイプからの妊娠だった。「ただただ生きるために、逃げるために、そうするしかなかった」と言う彼女たちは、動物のように扱われ、人間として尊重されることのない人生を長く送っている。女の一生ほど、生まれ落ちる土地や環境に左右されるものはないと感じる。正義や努力が日の目を見ない腐った社会で、自分一人の力で生き抜いてこなければならなかった。私には到底持つことができない、前に進む強さを持った彼女たちから学ぶことは大きい。

今や、アフリカだけにとどまらず、シリア、バングラデシュ、パキスタン、イラン、アフガニスタンなどからも、欧州を目指し、リビア、または隣国のチュニジアにたどり着く人々がいる。着のみ着のまま海を渡ってきた人たちだが、驚くことにほとんどの人がスマホを所持している。このスマホの急速な広がりなしに、今の世界各国の移民事情は語れない。中でも、Instagram や TikTok でヨーロッパで暮らす自国の人のリア充の投稿を見て、それなら私も！　と羨む気持ちから、欧州を目指して来る人はとても多い。その投稿が実際の状況とは違ったものだとしてもだ。

イタリアのメローニ首相は、国際移民会議で「不法移民と大規模移民は、すべての人に害を及ぼす。利益を得られるのは犯罪組織だけ」と述べており、真っ向から反対している。ようやくたどり着いた国で政治的に歓迎されることはない。

世間が背を向けようとしている世界の闇。日本にある情報だけで生きていたら世界は狭い。私が知っていた常識は、狭い世界の偏見だったのだと気づかされる。そして、どんな仕事をするにせよ、実際に学ぶことができるのは現場においてのみと実感する。

2章

てんやわんやの救助船

助産師としてＮＧＯで働く（再び船に乗るまで）

初めて助産師として海外に派遣されたのは２０１４年のこと。南西アジアの国、パキスタンだった。そこでは、日本では滅多に見ないような様々な分娩を経験し、助産師として多くの産科技術を得ることができた。

その後、２０１５年にイラクの難民キャンプで、２０１６年にはレバノンで主にシリア難民の妊産婦に関わる仕事をした。管理者として現地スタッフと関わる難しさ、言語の壁、文化の違いに翻弄されながら日々、目の前にある仕事に全力でぶつかっていた。

２０１６年11月、突如、降って湧いたように舞い込んできたのが救助船助産師の仕事だった。初めは、救助船の停泊している港で働くのだと思っていた。いつも、渡航前にもらう業務内容は、実際に行くと大幅に違っている場合が多い。だから「船で助産師が働く」なんて想像もできず、このときは一切信じていなかった。

乗船前にトレーニングがあるからと、オランダへ向かった。そして、トレーニング二日目、５メートルの高さからイマーションスーツ（防寒・防水救命衣）を着て水に飛び降りる訓練をした。このとき、初めて「もしかしたら、私は本当に船上で働くのかもしれない」と悟った。４日間のトレーニングが終わり、カターニャに入港する救助船を見て「船上」で働くことが現実であることをようやく受け止めたのだった。

そして、初めての救助船での仕事が始まった。３か月間で５千人を超える人を地中海で救助した。こんなことが地中海で起きているなんてまるで知らなかった私は、そこでたくさんの異職種の人と共に働き、多くの刺激を受けた。その仕事が終わったあと、すぐにでも、また船に戻って働きたいと思ったが、人事や言語の都合で交渉を重ねてもなかなか思いは叶わなかった。

やはり、大きな組織ではコネが必要である。まだ経験も浅かった私は顔が利かず、とにかくチャンスを待つしかなかった。それでもその間、救助船の活動を追い続け、船上の仲間とも連絡を取り続けた。初めてクラウドファンディングを行って百万円以上の寄付も集めた。救助船での何がここまで私を突き動かしたのかはわからない。海が好き、船が好き、思いつくのはただそれだけである。でも救助船で働く上では、それが最も必要なことなのかもしれない。

救助船への想いを抱きつつ、その後は南スーダン、バングラデシュのロヒンギャ難民キャンプ、カメルーンへの派遣を重ねた。

人生のターニングポイントになった、初代救助船アクエリアス号。　© SOS Méditerranée

待ちに待った救助船にカムバック！

２０１８年10月に初代救助船アクエリアス号（国境なき医師団と欧州の市民救助団体・ＳＯＳメディテラネが共同運航する船）は、政治的圧力から出航停止に追い込まれた。それから多くの人の働きで、２０１９年夏、救助船は長い活動休止期間を経て、再び出航できるようになった。私は、アクエリアス号に代わって新しくチャーターした、オーシャンバイキング号に助産師として乗船することに決まった。待ちに待った救助船へのカムバックだ。

船の準備をするために私は、ポーランドへ向かった。そこから1か月の間、チーム一丸となって出航に向けて準備に励んだ。

出航も近づいたある日、「移民40人を乗せた救助船、イタリアで入港拒否、キャプテンは逮捕」というニュースが飛び込んできた。シーウォッチ号という、ドイツのＮＧＯが運行している救助船が遭難していた44人を救助したが、港での下船を認められずに2週間漂流。このニュースは連日報道されていたので誰もが知っていたが「キャプテン逮捕」の文字にチーム内に衝撃が走った。

ここ数年のヨーロッパの政治状況では、どこの港も政治的理由から救助船は嫌がられる。しかし、2週間も下船が認められないのは当時では異例だった。そこでキャプテンの判断でイタリアの小島、ランペドゥーザ島の領域へ強行突破。それでも、港に停泊はさせてもらえず、二日が経過。最終的に港への停泊を許可されたが、救助された44人が下船後、キャプテンは逮捕となったのだ。

船の乗員すべての人の命を預かっているのはキャプテンである。また、シーマンズシップとして、さらには法律的にも遭難している人を見つけたら救助し、一番近くの国が安全な港を提供するという倫理原則がある。しかし、それは救助船には有効ではなく、キャプテンの逮捕という結果を招いてしまった。このとき、「逮捕されるほどの覚悟を持って、私たちはこの仕事に臨んでいるのだろうか?」という疑問がよぎった。

2017年頃から、NGO救助船の信用を傷つけるためのヨーロッパ政府によるメディアキャンペーンが盛んになり始めた。テレビやネットでは救助船は歪められた事実を擦りつけられ、救助の状況を報道された。評判の良い報道機関でさえ、告発の矛盾を正しく伝えていなかった。そして、救助船が行政措置によって次々と港に拘束されると、EUも独自の救助活動を縮小。進行中の人間の悲劇は沖合のレーダーから消えた。

さらに、政治家たちは自らの立場を良くするために、移民が増えることにより困る立場の人たちを利用し、移民反対を訴えた。そして、救助船を運行するＮＧＯは人身売買までも含む罪で訴えられた。救助船の犯罪とスキャンダルの告発は、注目を本筋からそらすように常に設計されている。人命救助が犯罪か否かではなく、本題は「なぜ、人々は海を渡ってこなければならなかったのか」である。

政治的な動向で救助船の立ち位置は大きく変わった。〝海の天使〟と言われていた時代から、今では〝不法移民を連れてくる悪い奴ら〟とヨーロッパのメディアでは揶揄《やゆ》される。政治的な圧力をかけ、あの手この手で救助船を活動停止に追い込み、罰金を徴収する。今も、政治との戦いは続いている。

初めて救助船で働いてから８年が経つ。働いてみて知った、そこで繰り返される人間のエゴやドラマと理不尽な世界の現状。水平線を眺めては、気づけばまた、私は船に戻っている……。

遭難ボートの捜索、救助

遭難ボートの捜索は、主に船首から双眼鏡で行う。海上の捜査は、救助船を運行する

ＮＧＯだけではない。セスナで空から遭難ボートを探すＮＧＯや、衛星電話で救助船と連絡をとるＮＧＯとＧＰＳを共有し、協力し合っている。ＥＵの国境沿岸警備機関のフロンテックスや国の海事機関や救助関連機関が、私たちに協力してくれることは今はほとんどない。

その頃、密航業者は、主にリビアやチュニジアでヨーロッパに渡りたい人々を集め、５百ドル～７千ドルという法外な値段でヨーロッパへの片道チケットを得る交渉をする。ある程度の人数が集まると、波が静かな夜に人々をボートに乗せ、数時間でＮＧＯの船が救助してくれるなどと適当なことを言って海へ送り出す。リビアの沿岸警備隊に見つかって連れ戻され、留置所に入れられるか、沈没して死んでしまうかもしれない。それがわかっていてもリスクを顧みることなく人々は渡って行く。

もはやこの時点では彼らが失うものはない。自国に帰っても仕事はない。家族を養うため、子どもの将来のためにと、ヨーロッパへの玄関口に集まるのはアフリカのみならず、シリア、イラン、アフガニスタン、バングラデシュ、パキスタンなどからも。そして、彼らは死のルートと呼ばれる地中海を渡る。大海を渡るには粗末すぎるボートに救命胴衣も付けず、ぎゅうぎゅう詰めに乗せられている。

船首から、双眼鏡で遭難しているボートを探す。© SOS Méditerranée

密航業者は命の保証はしないが、無謀に出航させることもない。天気予報や波の状況を見れば、遭難ボートが渡ってくる時期は想定できる。特に波が落ちついている夏場はハイシーズンだ。

　私たちは、双眼鏡のレンズから、上下に揺れる水平線を見つめ、何かボートらしきものが見えないかと目をこらす。すぐに見つかるときもあれば、10日以上見つからないときもある。遭難ボートらしきものが見えれば複数人で確認し、各自のトランシーバーに一斉放送が鳴る。「Attention for all crew, Ready for rescue, Ready for rescue（全員へ連絡、レスキューの準備を）」。救命胴衣とヘルメットをつけて、マスターステーション（指定された集合場所）に集合。救助チームのリーダーから遭難しているボートの状況と指示を受けて各自の定位置につく。救助チームは、高速小型船に乗り込み、ビューンとファーストアプローチへ。ファーストアプローチとは、どんな人たちがボートに乗っているのか、武器は持っていないか、遭難者なのか海賊なのか状況確認するために見にいくこと。私は、女性と子どもたちが過ごすシェルターの最終確認とクリニックの準備をする。

海に出た救助チームが遭難ボートに近づくと、救助の状況が聞こえてくる。ボートの状態、医療的なケアが必要な人がいるのか、妊婦や新生児がいるのか、トランシーバー越しの情報に耳を澄ませる。

今にも沈みそうなゴムボートや、木製、鉄製など様々なボートは、そのどれもがイタリアにたどり着けるほどの耐久性はなく、十分な燃料があるボートではない。漏れ出したガソリンで、皮膚に化学熱傷を負っている人もいる。

救助チームは全員にライフジャケットを配り、一人ひとり高速船に移動させる。とにかく助かりたいという気持ちから、高速船に向かって飛び込んできたり、船全体がパニックになることもある。全員を救助するため、協力が必要なので指示に従ってほし

地中海という大海を、到底渡ることができないほどの簡単なボートでやって来る。© SOS Méditerranée

い、安全に母船へ救助するからと通訳者を介して伝え、20人くらいずつ母船まで連れてきて、一人ひとりハシゴを登り乗ってくる。全員を救助するまでこれを繰り返す。

母船に乗った瞬間、安堵から倒れ込む人、神に祈りを捧げる人、言葉なく呆然と涙する人。大海を漂流している途中に、仲間を海で失った人もいる。

国連難民高等弁務官事務所（UNHCR：United Nations High Commissioner for Refugees）の統計によると、地中海を渡る人口は、2015年のピーク時には百万人を超えたが、2023年には4分の1ほどに減少している。そして、2015年から2023年の間に2万8千人以上が死亡または消息不明となっている。もちろん、沈んだであろう遺体は捜索されることも身元確認されることもなく、その魂は海の底で眠り続ける。

ここ数年、ＥＵは海からの人々の流入を防ぐために、リビアの沿岸警備隊に高額な高速船やドローンを贈呈、トレーニングまでしている。救助の際、リビアの沿岸警備隊と鉢合わせしたため、私たちが威嚇射撃を受けたこともある。船の無線越しに私たちをアラビア語の汚い言葉で脅したり、国際海域にも関わらず「ここはリビアの海域だ！　今すぐ出ていけ！　クソ野郎」などと言われることもよくある。彼らが明らかに海洋法に違反しているのに、ＥＵは目をつぶり続けている。それでも、私たちは遭難ボートがある限り救助活動をやめたりはしない。

安全な港を探し求めて

こうして数百人を救助すると、下船できる安全で一番近い港を必要としているというレポートを近隣の国々の政府に送る。規則としては、リビアにも安全な港を探しているというメールをしなくてはならない。しかし、救助された人たちにとってリビアが安全な場所ではないことは、彼らの多くの証言からわかっている。そのため、リビアが港を提供してきても「下船できない」と伝える。

また、救助エリアの近くにマルタ共和国という小さなヨーロッパの島国がある。海がきれいで物価も安く、観光地や留学場所としても知られているが、移民に対しては断固反対の姿勢が強い。

国際海事機関（ＩＭＯ：International Maritime Organization）によると海の法律では、遭難ボートを見つけた場合は一番近くの国が安全な港（ＰＯＳ：Place Of Safety）を提供する義務がある。２０１６年前後には、多くの救助された人々がマルタ島で下船していた。しかし、ここ数年は安全な港の提供についてマルタに何度メールで交渉をしても返信がなく、「あなたたちのメールはジャンクメールに入っていて気がつきませんでした」という始末。政府もろとも向き合うつもりがない。要するに、下船にはイタリア一択というのが現実だ。マルタの海域で遭難ボートが見つかっても、マルタの沿岸警備隊は見て見ぬふりをして救助をしない。それどころか船に給油をするためにマルタ島の海域に入ることさえも拒否している。人の命を救うＮＧＯの正義は、先進国にとって〝不法移民を連れてくる悪〟。英語だとpolitical game（政治的駆け引き）というが、政治の都合で押し付け合いと知らんぷりが横行している。

移民政策の問題点

救助船には、移民・難民を連れて来たら困るという意見が付きまとう。日本でも、移民問題は年々話題になってきている。人手不足解消のために、地方に来て労働して欲しい、少子化を改善するために子どもを産んで欲しい、優秀な技術を持った若者に来て欲しいなど様々だが、経済的な価値だけを求めて人間を迎えるのは大変難しい。移民が増えると大変だと言う人に限って、実は日常の生活では何の影響も受けず、明日も今日と同じような日々を送っている。人は知らないことほど、簡単に批判する。

移民に対するイメージはメディアの影響がとても大きいため、移民受け入れ容認はほぼ存在せず、断固受け入れ拒否が大多数を占める。だから、移民を受け入れるべきだと、簡単に言える世の中の空気ではない。

でも現実は、船底で圧死している人を足で踏みつけてさえ、私たちの救助船に向かって怯えた目で助けを求めてくるその姿は必死だ。そこには死者への尊厳などない。あるのは助かりたいと思う強い生命力のみ。救助が終わって、船底で亡くなった人が重なり合っている光景は凄絶《せいぜつ》だ。１歳に満たない幼い子どももも亡くなる。溺死の遺体は、白目が飛び出し唇はめくれ上がり皮膚は剥がれ落ち、体はパンパンに腫れ上がっている。それを見て泣き叫ぶ家族は、その場からなかなか離れない。そして、海を渡ったことを後悔する。その光景を何度も自分の目で見た私でさえも、いまだ移民に対する問題の結論は出せない。

移民政策については、選挙前に特に議論が熱くなる。移民受け入れに積極的な政治家も少数ながらいる。しかし、立派な言葉は並べ立てるが、それにふさわしい行動は全く取っていない。そして、そんな事情とは関係なく、人々は海を渡り続ける。移民の立場からすれば、経済や政治の不安定さから逃れ豊かで安定した国へ行き、その豊かさを享受したいと思うのは当然だと思う。不法移民が正しいとは決して思わないが、不法に他国に入るには必ず社会的な理由がある。では、どうしたら彼らは祖国に誇らしく住むことができるのか？　植民地時代に自分たちの都合で勝手に国境線を引き、散々アフリカの資源を吸い上げ発展してきたヨーロッパをはじめとする先進国が、破綻しているアフリカ各国の人々に対して来るなと言っている状況を、私は日本人としてどう見るべきなのか。お互いが納得できる方法など見つかるわけもなく、結局は政治的議論と政策に委ねられている。結論が出せなくても、そういう難しい問題を抱えた世界に生きているという事実を知って共有するだけでも、社会を見る意識は変えることができると思う。

船の上で喧嘩が始まる

救助してからは、下船する港が見つかるまで7～10日ほど待つことが常だ。二、三日経つと救助された人々も十分に睡眠を取り、食事もして次第に体力を取り戻す。みんなで踊ったり、歌ったり、笑顔も見られるようになる。その一方で、彼らから「一体いつまで、この船に乗ってるの？」「いつイタリアに行くの？」といった質問攻めにあう。人が見えない未来に不安を感じるのは当然だ。ましてや、全てを置いて人生を賭けて身一つで来たなら、なおさらだろう。

前例から言えばほとんどのケースはイタリアで下船になる。しかし、はっきりとわからない限り曖昧なことを言うべきではないので、「わからない、わかり次第教えるよ」と答える。段々、日が経つにつれ、「こんな狭い場所にずっとなんて居られないよ、ビッグプロブレムだ！」「ご飯がまずい。新鮮なフルーツが食べたい」「冷たいジュースないの？」など語気が荒くなっていく。こんなやり取りが一日10回はある。

たった20人ほどのスタッフで、数百人がトイレや食事など必要最低限の生活をするために昼夜働き、私たちも心身共に疲れている。マニュアルみたいに「安全な港に着けるように、たくさんの人々が話し合いをしてくれているんだから、とにかくいい結果を待つために今は我慢するしかない」と苦し紛れに答える。この苦しさは、援助される側とする側に明確なラインがあるためである。私たちは、船内で寝るときはマットレスのあるベッドで、プライバシーもあり、三食美味しいご飯も食べられて、Wi-Fiもあり、無制限にシャワーも浴びられる。それをきっと彼らは知っている。だから、ときに、このマニュアルめいた回答が苦しかったりする。この苦難を強いられている人々を前に、快適な環境で生活することに後ろめたさや違和感を覚えることもなくはないが、自分たち自身が心身共に健康でなければ、他者を支援することはできない。

救助された人たちは船内での生活に日に日にストレスが溜まっていく。床で寝る、プライバシーはない、自国の食べ物は食べられない、タバコも底をつき、生活で欠かせないWi-Fiもない。するとどうなるか？　喧嘩が始まるのだ。「配っている食料のパッケージが違う」「コップの色が違う」「あっちのがいい。この前もこれだった」「あいつだけ多くてズルイ」（中身一緒なのに）など。寝る場所のスペースの取り合いで「俺が先にここに居たんだよ！」とか、さらにはゲームの取り合いが始まる。「いっつもスーダン人ばっかりトランプしてる」に対して「お前ら遊び方知らねーだろ！」や「イスラムの人たちがお祈りの前に足ばっかり洗ってるから、水が足りないんだ！」と文句を言うクリスチャンの集団。とにかく、些細なことで国同士が対立し、船の上に小さな紛争マップができあがる。

この緊張が高まると、あっという間に数十人の取っ組み合いの喧嘩になる。10〜20代の筋肉隆々の若者の喧嘩。反射的に止めに入って吹っ飛ばされたこともある。子どもの頃、学校にも行けず、躾もされないで弱肉強食の環境で育ってきたら、話し合いで……などという民主主義的な問題解決能力など育つはずもない。そして、私が担当する女性のシェル

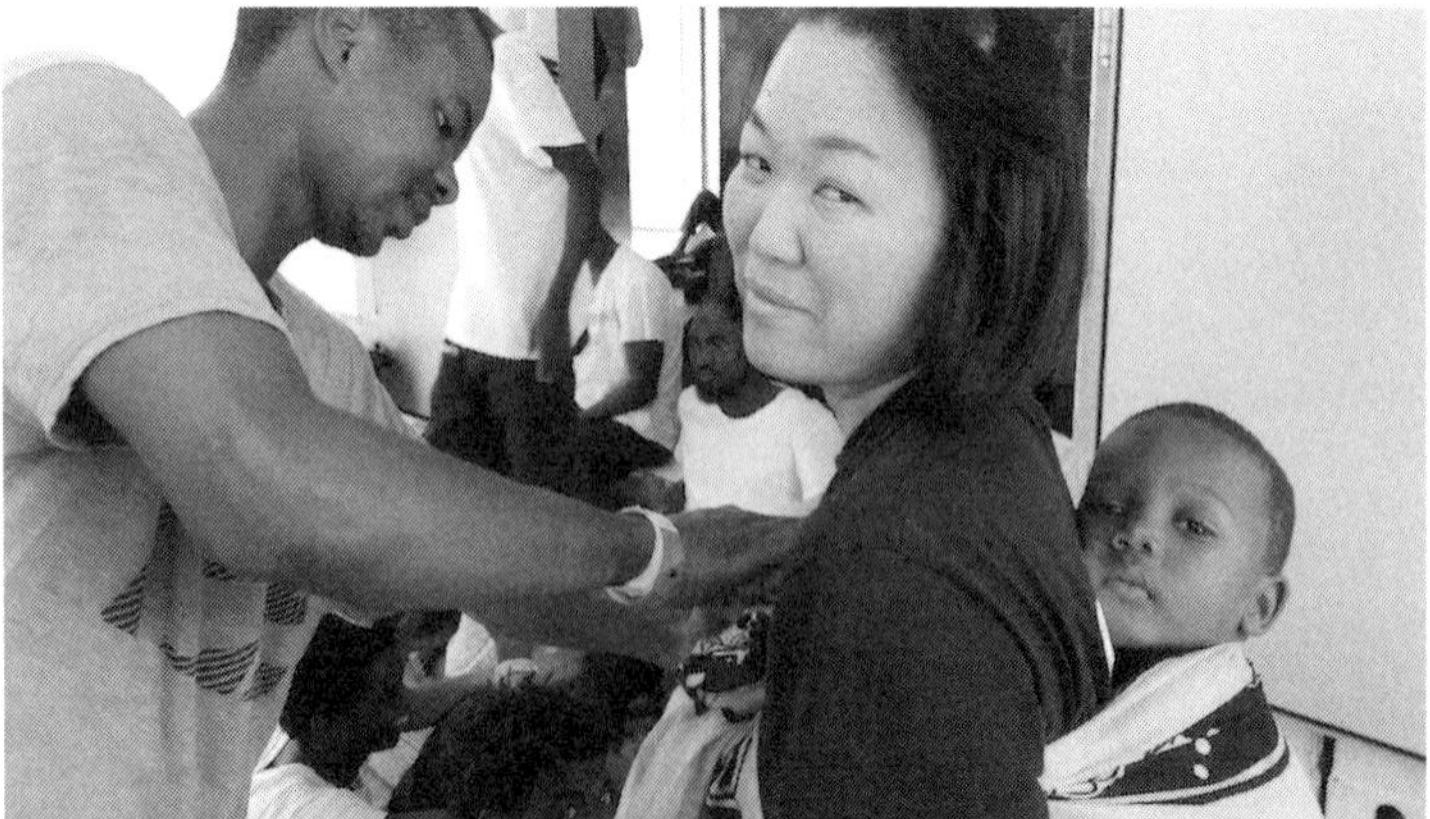
母親が船酔いをすると、代理でおんぶをすることも。© SOS Méditerranée

ターでも揉めごとは起きる。大体は「タオルや洋服が盗まれた」または、「赤ちゃんが泣いてうるさいから眠れない！」などというクレームだ。失くなったものは予備をあげたり、泣く赤ん坊は私が背負ったりして問題を回避しているが、女性の取っ組み合いの喧嘩こそ、血で血を洗うサバンナ。男の喧嘩に負けないほどの迫力で、船沈没の次に私が最も恐れることである。これが数百人の多国籍民族を乗せた救助船の現実である。

コロナ禍で救助船の仕事が決まる！

２０２０年はコロナに見舞われ、仕事とはいえしばらく海外には行けないだろうと、日本で病院の助産師や看護師としてアルバイトを復活し、仕事とジム通い中心の生活が半年も続いた。

日本での生活は、とても平和で、何も考えなくても、まあまあ安全で快適に生きていける。電車は時間通り、郵便物は必ず指定された日に届き、蛇口をひねれば安全な水が出て、公共のトイレでさえ清潔で無料。鍵は閉まるし便座はあったかい。しまいには温水がお尻を洗ってくれて、仕上げはフワフワのトイレットペーパー。立てば、自動で水まで流れて、手洗いもフワフワの泡石けんと透き通った水。トイレだけでもこんなに至れり尽くせりだ。

今まで、次々と紛争地に行ったり救助船に乗ったりしてサバイバルな日々を送ってきた。南スーダンでは、ドアがまともに閉まらないうじ虫だらけのトイレに行くために、大量のバッタの集団の中を潜り抜けたり、鼻が曲がるほどの異臭がするボットン便所でいかに早く用を足すか、快適に安全に生きるために頭を使わなければならなかった。しかし日本ではその必要がない。それは素晴らしいことでもあるが、便利なものに依存し過ぎて、生きる力が失われているとも感じる。こんな生活をしていたら、本当に脳みそが溶けて耳から出そうだと思った。

私は今を変化のチャンスと決めた。環境は自ら作るもの。バイトも契約満了でやめ、次にオファーが来たら絶対に行くと決めた。今ある中から最善を選択するのではなく、新たな選択を最善にすればいい。迷ったらやる、嫌だったらやめればいい。それに、何か流れを変えたいときには、仕事もすっぱりやめて、スペースを作っておいたほうが動きやすい。

そして、待つこと数日。「欠員が出たので、救助船の仕事に行きませんか」と仕事が舞い込んだ！　思ってもいなかった、また救助船での仕事だった。よし、引き寄せた！

その10日後、私はスペインに向けて日本を飛び立った。

ドイツの船は私には合わない

２０２０年夏、コロナで世界が震撼する中、指定されたスペインの港町、ブリアナという駅に着いたが、会社の不手際で迎えの車がこない。Wi-Fiもなければ、タクシーもない、なんなら歩いている人もいない、まさにmiddle of nowhere（何もないところにポツンと）一人たたずんだ。立ち止まっていても仕方がない。灼熱の中、野生の勘で30分ほど歩くとガソリンスタンドにたどり着いた。そこには、おじさんが一人。お互い全く言葉が通じなかったが、結果、そのおじさんが車で宿泊先まで送ってくれた。こういう直感で決断する場数は踏んできたほうだ。私の野生の勘は功を奏した。

当時はコロナ検疫のため、船に乗る前に1週間の隔離期間が必要であった。快適な1週間を過ごしたが、またも組織の不手際で、宿泊先の予約日数が足りておらず、最終日はあわやホームレスで野宿になりかけるという最悪なスタートだった。

このときは、シーウォッチというドイツのＮＧＯの船と国境なき医師団（ＭＳＦ）の共同運行で、私はＭＳＦの助産師として乗船した。そこは、多国籍の人たちと働いたことのない、しかも初めて救助船で働くドイツ人ばかり。そんな人たちとの共同作業は困難の連続であった。

船は救助エリアへと出航すると、あっという間に２０３人を救助した。救助すると、まず水分補給にお茶を配ると言ったのはシーウォッチサイドのケアコーディネーターのクリスタだった。私も手伝いながら、子どもや女性に配ろうとすると「ちょっと待って！お茶にはカフェインが入っているわ、子どもには飲ませられない！」とかなりの剣幕で言われた。小さな子どもが海を漂流し、やっとたどり着いた安全な場所。ずっと飲まず食わずで水分も糖分も必要だし、何を今さらカフェインとか言っているのか……。このと

小型高速船で救助に向かい、母船に何度もシャトルする。©SOS Méditerranée

き、私はこの先に起こる数々のバトルをまだ想像もしていなかった。

私は、女性に配るという名目でお茶を配った。遠くから感じるクリスタの視線、彼女は無言でこちらを見ている。もちろん、母親たちはそのお茶を子どもに与えていた。翌日の朝のミーティングで「子どもにはカフェインの入ったお茶をあげるべきではないという教育をするべきです！」と発言する彼女を横目に、窓から見える海を見つめ無言を貫く私。先進国では、カフェインの入った飲み物は小さい子どもに与えないのかもしれないが、アフリカでは新生児にもあげているのをよく見る。しかし、中東やアフリカの人と初めて関わる彼ら。全てがドイツベースで考えられている。船は、先進国の考えを教育する場所ではないし、彼女の意見には同意できなかった。

救助後数日が経ち、音楽をかけたいと提案すると、それもクリスタに却下された。それは「フランス語か、英語か、アラビア語の音楽、どれをかけるかで喧嘩になるから」という理由であった。これまでの経験から、そんなことで喧嘩になったりしない。それどころか、音楽をかけるとみんな踊り出して楽しい雰囲気になる。そう説明しても、それはみんなで会議して決めるべきだと言う。会議まで我慢できない私は強行突破し、シェルター内に自分のスピーカーを持参し定番のアフリカ音楽をかけた。すると、想像

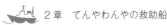

通りみんな大興奮して、歌い、踊り、楽しい時間を過ごした。

その夜、緊急の会議に呼び出され、クリスタとその上司に、勝手なことをしないようにと忠告を受けた。音楽をかけても喧嘩にならなかったことは証明できたのに、彼女たちの言い分は、「私たちが、携帯を持っていてWi-Fiにアクセスできるのがバレるわ」というもの。私は唖然とした。救助された人たちが、現代社会の白人が携帯を持っていないとでも思っているのか。もはや脳内がユートピアだ。彼らに救助する側とされる側という明確なラインがあるのは明らかだ。ドイツ人の感覚は日本人に似ている。時間にはきっちり。全員に提供できないことはやるべきではない。ルールはルール、柔軟性に欠ける。ゲームはあるけど十分な数がないからダメ。絵や文章を書くのも紙やペンも足りないからダメ。みんなでエクササイズをするのもダメ。ここはどこの刑務所だよ、と思った。

この船は、救助された人に配る食事は手作りだった。体力的な面で考えれば、コストは高くつくができ合いのものを配るほうが簡単だ。でも、ここはドイツの船。経済観念がしっかりしている。要するにケチ。ご飯は、米やパスタや冷凍野菜を混ぜて炊飯器でまとめて作る。全てのレシピの分量が細かく決まっており、少しでも多く入れたら、めちゃくちゃ怒られて、二度とやらせてもらえなかった（笑）。終わったあとは皿洗いがあるのだが、これも救助された人たちに手伝ってもらっていたら「ちゃんと洗えないから手伝わせないで」と警告を受けた。

私にとっては3回目の救助船、経験からアドバイスできることもあるが、聞く耳を持たない人に話しても仕方がない。そこで、彼女の見ていないところで自己流を貫こうとした。団体が変われればその価値観も違う。正しさは世界の数だけあり、人の意見も星の数ほどあると自分に言い聞かせた。それにしても、あまりにも規制が多すぎて、やれることが少なく日が経つにつれ、救助された人たちも暇を持て余していたのは明らかだった。

300人分のご飯を調理するのに、4時間はかかる。©SOS Méditerranée

多国籍、灼熱、暇、これは精神衛生的にも良くない。とにかく自分たちのルールに縛りつけたがるドイツ人のケアコーディネーターに苛立ちを覚え、話し合いをすることになった。彼女たちから聞かされた言葉は「全員にできない＝フェアじゃない」であった。終始耳を傾けていたが、私の結論は決まっていた。最後に「この世の中がフェアだと思ってるの？　そんなわけないでしょ。ゲームもダメ、音楽もダメ、全てを自分たちのルールに縛りつけている。ここは刑務所みたいよ」と発言し会議は終わった。この船は、ビーガンやＬＧＢＴなどアクティビストが集まる船として知られていたが、彼らのやり方を見ていると思わず「多様性とはなんぞや」と言いたくなるほど嫌気がさした。

躊躇した自分を恥じた

港も決まらず漂流して1週間が経った頃、緊急に集められた私たちは、そこで決断を迫られた。バンクシーの救助船として知られる、ルイーズミシェル号が救助をしたものの、船のキャパオーバーで、医療処置の必要な40人を受け入れて欲しいとの要請の相談だった。下船する港も決まっていない中、すでに、心身共に疲れ切っており、正直私は「え……」と思い黙っていた。すると、すぐに「受け入れよう！」と言ったのはいつも寡黙に働くフランス人の同僚だった。「か、か、か、かっこいい！」躊躇した自分を恥じた。救助船同士、協力は必須である。そして受け入れることになったのだが、最終的に受け入れた人数は150人！　話が違うとは思ったが、みんな健康状態も安定していた。そして、船はそれまでに救助した人も合わせて計353人を乗せぎゅうぎゅうに。

すでにスペースで揉めごとが起きているのに、さらなる揉めごとが起きると懸念していたが、このとき、先に救助されていた人たちはとても協力的で、あとから来た人たちに船のルールを説明したり、助け合いの精神が見られた。ホッとしたのも束の間、ご飯や水があと二日で底をつくと小耳に挟んだ。イタリ

母親は1~2人だけ連れて海を渡るため、2歳前後の小さい子どもが多い。©Sea Watch

アの港はそこまで遠くはない、緊急事態であれば食料の搬送は可能だ。

問題は水。トイレで水が流せないのは本当に困る。私たちのシャワーも節水につとめ、3分以内という制限を設けた。よーいどん！　で入り、3分以内に終わると少し誇らしげに思えた。ここで、お嬢様育ちの人道支援担当の同僚が「もう、こんな生活耐えられない！」とシクシク泣き出した。こうなるとかける言葉がない。この期に及んで、こんな女はマンマミーアである。こんな生活もここでしかできないのだから楽しむしかない。私の野生レベルはかなり高くなっていたようだ。

エナジーバンパイアたち

下船できる港が決まるまで、私の毎日の仕事は、2時間半かけての朝の検温、ゴミ集め、掃除、洗濯、キッチンの片づけ。これで私の一日は回る。助産師の仕事はメインなのかサブなのか、明らかにサブだ。

疲れから回復すると、いつものように救助された人たちから次々に要望が飛んでくる。日中、女性と子どものシェルターに行けば、あれくれ、これくれと、くれくれ攻撃。「子ども用のオムツが足りない」「新しい下着が欲しい」「石鹸が足りない」「薬ちょうだい」などなど……。

　あげるものは全部あげた、もう在庫なし！　と言っても、救助された人たちからは「足りないなんて、どういうつもりで救助してるの（怒）」というクレームまでくる。マジで図々しいな！　と思うが、同時に、彼らの生きる力が強すぎるとも言える。掃除や洗濯、ゴミ集めなどは無心になってできるが、対人の仕事はエネルギーが削がれる。この時点で、援助するほうもされるほうもみんな疲れ切っていた。嫌気がさして、「今日はもうシェルターに行かない！」とストライキをした日もあった。私がいなくても、それはそれで回るのだ。

　この日「今日は俺が作る！」と張り切ってキッチンに立っていたのは、スペイン人のエンジニア。この船では、ボランティア制で自分たちの食事を作らなくてはいけなかった。このおっさんのご飯は本当に美味しい。ロックミュージックを聴きながら、唐辛子をかじり、鍋をガンガン言わせながら調理する。私は、その横で笑いながらデザートのスイカを切った。

　おっさんは、作りながら「ドイツ人はな、ジャガイモばっかり料理しやがる！」と言う。すごい！　わかる〜〜という共感の嵐。自分の仕事のほかに、ボランティア制で料理もしなければいけないとなると、ときにしんどいが気分転換にもなる。私たちにはそんなガス抜きも必要だった。

深夜の巡視、船の上を見渡せば、星空の下で毛布にくるまって寝る数百人の人々。後ろに広がる大きな海。大海を渡って来るには軽装すぎる。現代の世界ではこれで十分という自分のものさしを持たないと、必要なものは全て揃っているのに、それには目を向けず、足りないものに目を向けてしまいがちだ。でも、彼らを見ていると、究極に必要なものは動ける身一つなのかもしれないと考えさせられる。

巡視中、眠れないと起きてきた子連れの女性と話した。

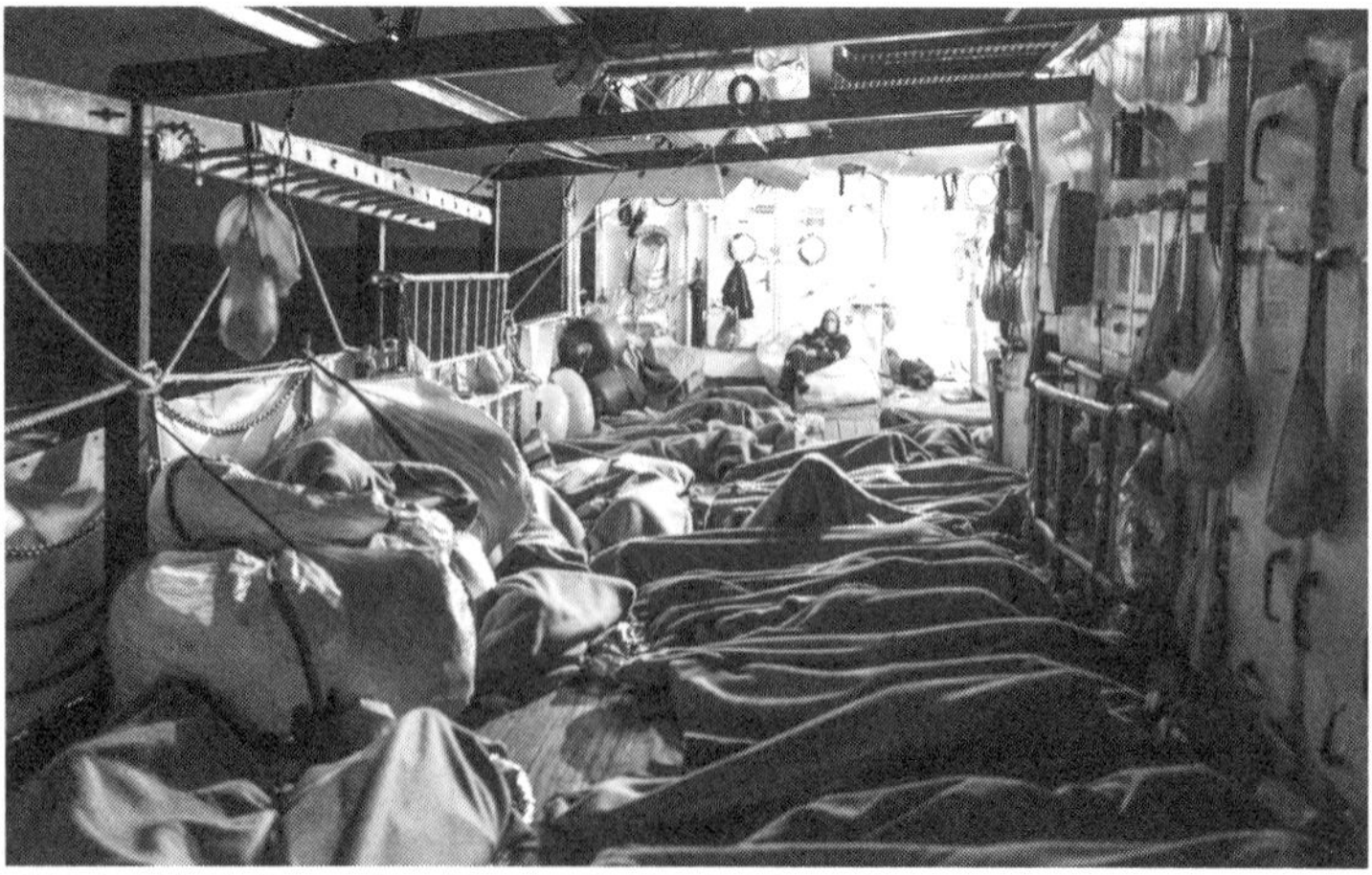

毛布に包まり、夜空の下、船の甲板で寝る救助された人たち。© Sea Watch

「どこの国に行きたいの？」

「パリかな」

「どんな仕事したい？」

「パン屋とか。私の作るクロワッサン、すごく美味しいんだから！」

「じゃぁ、パリに行ったら食べさせてね」

彼女は、14歳で結婚させられ、夫の暴力から逃げるために1歳の子どもを連れて海を渡って来た。海を渡る理由はそれぞれだ。

翌日、12日間の漂流を経て、シチリア島のパレルモで下船することが決まった。下船がわかると一日じゅう歌やダンスで喜びを表現する。抑圧されていた人間らしさを爆発させ、各国の踊りが船で繰り広げられる。その度、彼らの生きる強さには圧倒させられる。そして、イライラした気持ちも喉元過ぎれば、となる。しかし、同時にこの先この中のどれだけの人が誘惑に負け、悪魔に魂を売り、不法移民になってしまうだろうという懸念も浮かぶ。これが正直な私の心の内である。

イタリアに着いて、もう奴隷のように働くことはないかもしれない。でも、知り合いも家族もいない、言葉もわからない異国で、さらに移民に対する逆風が吹く中、「難

ヨーロッパの玄関口、イタリアに到着し下船していく人たち。© Sea Watch

民」や「亡命希望者」として認められるまでにも、厳しすぎる現実が待っているのだ。
そんな複雑な思いも抱えながら、こうして海の上の大家族の夜が明ける。

船が拘留された

厳重なコロナ感染対策の中、無事に救助した３５３人が下船し検疫用の船に移動していった。私たちも2週間の検疫期間があり、終了時のコロナ検査も全員、陰性。めでたし、めでたしと言いたいところだったがそうはいかない。イタリア当局職員がＰＳＣ（Port State Control）にやって来たのだ。ＰＳＣとは、船の安全を確認するための監査だ。この監査は外国船籍の船に定期的に課される法律である。しかし、この監査、信じられないことに救助船に対しては、ただただ運行を停止する目的で利用されている。重箱の隅をつつくような点を指摘し、船を拘留に追い込む。もはや、政府ぐるみのイジワルでしかない。普通の船であれば、改善するように注意されるくらいで運行停止にまではならない。

この日、14時間にも及ぶ監査のあと、私たちの救助船はdetention（勾留）となった。船が政治的な理由で勾留されるのは予想していたが、チーム全体に重い空気が流れた。救助活動は一時停止に追いやられた。活動をしていなくても船の維持費やドック代に費用はかさむ。寄付で成り立つ救助船にとっては苦しい状況だ。監査は、法律に則っているので拒否はできない。指摘された点を改善して再監査を受ければ解放されるが、「救助する人数が多すぎる」などの改善できない点もある。結局「今回の船の勾留は不当である」という裁判に持ち込むことになった。結果が出るまでは活動できず、その期間が長引くほど政府の思惑通りとなる。監査とは、私たちにとっては負けの決まった戦いであり、移民受け入れ反対の政治が広がる世界では救助船の運命と思って受け入れるしかないのが現実だ。

チャンスの神様に後ろ髪はない

船が港に停められている間、私は船に残り、次の救助に向けての準備や船のメンテナンス作業を手伝った。掃除やサビとり、ペンキ塗りが主な仕事だった。助産師として乗船したはずが、最終的には甲板員の仕事をしていた。それはそれでいつもとは違う仕事ができて案外楽しかった。

2か月が経ち、裁判の結果が出る日がやってきた。朝から、みんなソワソワしてい

助産師以外の仕事もこなす。船が止められ、ひたすら錆び取りをしていた頃。

る。結果は「ヨーロッパの最高裁に決断を委ねる」ということで、最終的な決断は1か月先へ持ち越された。船の開放への望みを胸に、船の上で2か月待ったのに。

その後、一晩考えて私は日本に帰ることに決めた。やめる選択をすると空白に新しいものが入ってくると信じていたし。帰国は二日後に決定。しかし、この帰国のチケットに不備があり、キャンセルしてほかの日に帰国日を変えられないかと言われた。「えー面倒くさいなー。もう帰る気満々なのに。とりあえず明日連絡しよう」という心の声と共に就寝。

そして次の日、チケットの件でメールをしようと携帯を見ると、1通のメッセージが。スペインの救助船、オープンアームズの医療コーディネーターからだった。

オープンアームズとは、地中海で捜索救助をやっているライフガードのグループが運営しているスペインのNGO。実は、先月、履歴書を送って面接を受けていたことを思い出した。

メールには「12月に予定していた看護師が来られなくなってしまった。来週からの予定、空いていますか?」その瞬間に私の心は「行く」と決まっていた。

「調整できるか検討します。回答までに1時間ください」

日本行きのチケットをキャンセルするはめになったのも、きっとこのオファーのためだ！　即、関係各所に連絡し、日本へ帰国するためのチケットはキャンセル。オープンアームズには「行きます！」とメールを返信。ここまでに要した時間は15分。帰国後の仕事の予定もなく、そもそも断る理由はなかった。チャンスの神様に後ろ髪はないというが、チャンスには飛びつけ！　と自分の直感的決断が行動を後押しした。それができるのも健康な体があるからこそである。

民族、混ぜるな危険

こうして、スペインの救助船に乗ることになった。私以外は全員スペイン人。今まで、ずっと多国籍のチームで働いてきて、それ故に起こる様々な問題も経験した。しかし、ここにきて全員が同じ国籍、文化、言葉であることには大きな違いがあると気がついた。チーム内のいざこざが圧倒的に少ない。スペイン人のおおらかで陽気な国民性も大いに影響していると思う。

チームとして何か一つのことをやるときに、ダイバーシティって邪魔になることがある。公で優等生に映るために、政府や大きな組織は多様性やダイバーシティという言葉をやたらと使う。足りないところを、お互いにカバーし合うと言えば聞こえはいいが、どこかに負担がかかっていることが多い。みんなの価値観が一緒のほうが何ごともスムーズに進む。コアな価値観を共有できる人たちと働くと、チームとしては最大限パワーを発揮できる。私は「民族、混ぜるな危険」は確実にあると感じた。

私が働いてきたNGOの救助船は、どれもヨーロッパの人が中心で構成されている。フランス、イタリア、スペインが多い。しかし、ここにドイツ人が一人でも入ると「It's not OK！（ダメ！）」みたいに、フランス、イタリア、スペインのゆるーい空気にヒビが入る。私は、ゆるい空気寄りの日本人だから「明日やろう」が許せる。でも、ドイツ人は「今日じゃなきゃダメ」という真面目なタイプが多い。そういう空気に合わなかったドイツ人は、二度と戻って来ないでドイツの船に行く。「私たちのルールが一番正しい！」というドイツ人の気質が私には合わなかった。フランス、イタリア、スペインの同僚と働く期間が長くなり、いつの間にか楽天的な性格になっていたようだ。

大変だった、新しい救助船ジオバレンツ号

２０２１年３月、新しい救助船ジオバレンツ号の出航が決まった。私は、この船に助

産師として乗船することになった。以前一緒に働いた上司から「また一緒に働かない？」とオファーを受けて二つ返事で承諾。そこからわずか10日後、コロナ真っ只中のノルウェーに向かった。オファーは常に突然だ。

雪の降るノルウェーのオーレスンという港町で救助船の準備が始まった。救助船の仕事は、助産師以外の業務もたくさんある。私は比較的、助産師以外の業務をするのも好きで、掃除や食料、物品の注文などの雑用も自ら買って出てやっていた。一つのプロジェクトを成功させるために「getting my hands dirty（自分の手を汚すこと）」は必須である。そして、ゼロから始めたプロジェクトが目に見えて進んでいくことにやりがいもあっ

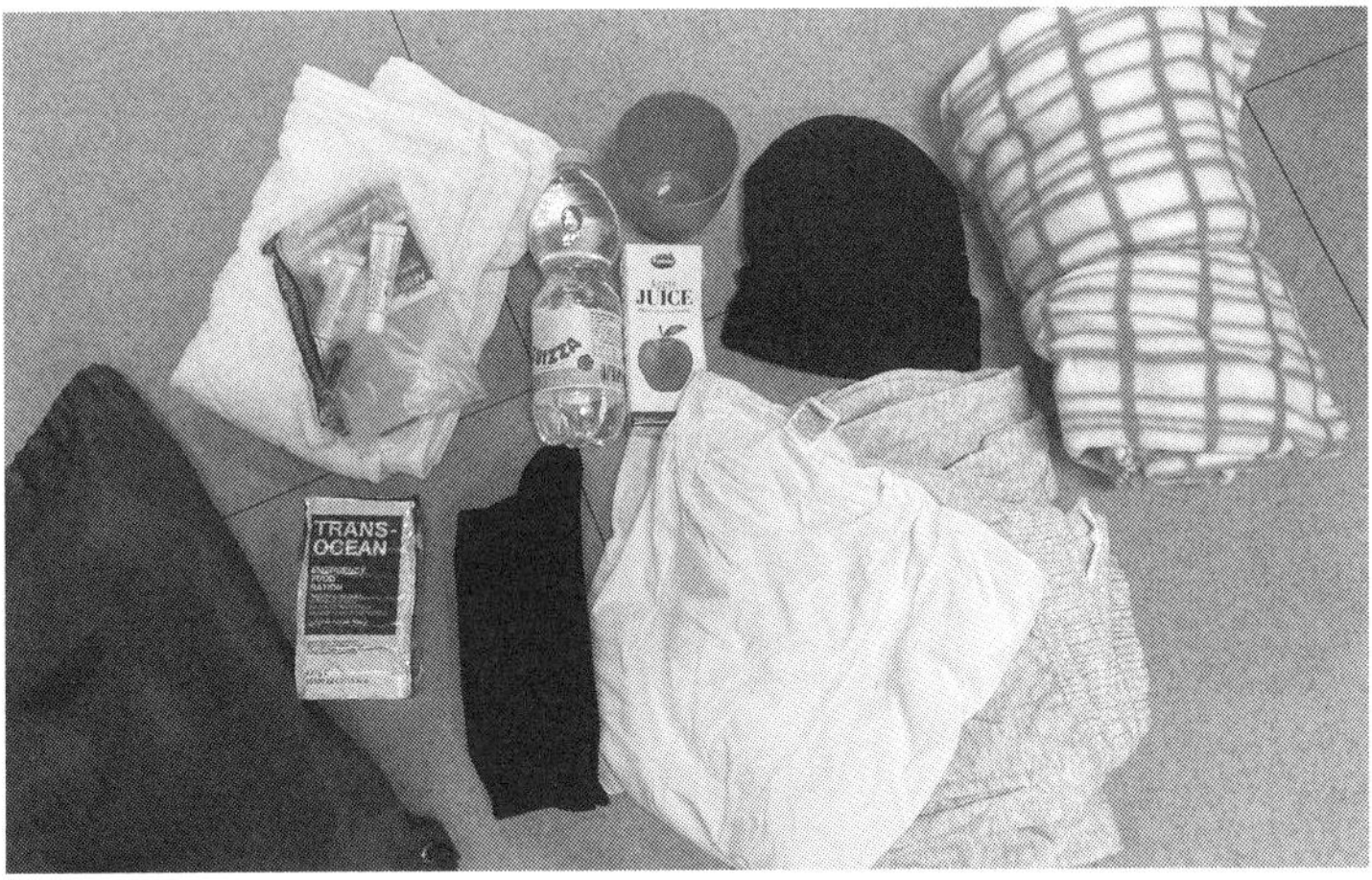

救助された人たちに配るキット。毛布、洋服、非常食、タオルなどが入っている。

た。少ない人数だったが順調に準備が進んでいた。

しかし、徐々にメンバーが到着し、人数が増えるとチームの雲行きが怪しくなってきた。船が出航する前から思い描いたような自分の専門職ができず、こんなことをするためにここに来たのではないと、途中放棄し帰国する同僚が相次いだ。救助船で働くかっこいい自分を夢見て来たのかもしれないが、現実は夢のようなかっこいい仕事ばかりではない。連日の力仕事、掃除、片付け、荷物運びに塗装などの雑用ばかり。夢は様々な形で人を裏切るものである。

さらには、自分の仕事を優先したいと思うあまり、つい言い合いになったり、上司に詰め寄ったり。自分は仕事ができると見せつけたい気持ちが抑えられない人も数人登場。本部からの指示と、チームからの不満に押しつぶされた上司は部屋でワンワン泣いていた。最初からチームダイナミクスに不安を感じつつも、船は救助に向けて予定通り地中海へ出航した。

そして、この船での初めてのレスキューを迎えた。とはいえ、ほかの救助船とやることは同じ。高速船がクレーンで海に降ろされ、救助チームは遭難しているボートに向かう。甲板では、初めて救助の仕事をする人たちが、高まるアドレナリンを抑えきれず、

救助された人たちが乗ってくる
ボートランディング。
安全な場所の第一歩。

ボートランディングで
300人分の米を研ぐ。
相撲部屋の見習い力士の気持ちになる。

興奮して、やんや言っている。救助の現場に、こういう無駄なアドレナリンはやや危険だ。私は巻き込まれないように、距離を置き、いつもと同じようにボートランディング（乗船口）に立って、救助された人たちを迎え入れた。その日は、立て続けに5件の救助が続き、気づけば朝6時から夜21時まで働き続けていた。

一つ救助がある度に、先に救助されて甲板で寝ている人々を誘導し、救助用のスペースを作りながらライフジャケットの大袋、医療品やストレッチャーの用意。そこからさらに、寝ていて動かない人を起こして、移動させる度に「＄＆＃：～＆＆％＄！！」と彼らの母国語で逆ギレされる。

自分たちだって、同じように救助された立場なのに、他人が救助されるときには非協力的。大海を渡って疲れているのはわかるけど、疲れているのは私も一緒。キレそうな気持ちを抑え、半ば強制的に移動させる。最後のレスキューの際にはもはや魂は抜け、機械のように働いていた。やるべきルーティンに対して、身体は限界でもアドレナリンで仕事はこなせる。しかし、対人間の仕事が何より一番エネルギーを消耗する。

怒涛の一日を終えて、４１０人の人々と共に安全な港（ＰＯＳ：Place Of Safety）が提供されるのを待つことになった。夜を迎え、みんな、国ごとにまとまって寝床を確保し始める。船の上は、アフリカのマリ、ナイジェリア、チュニジア、モロッコ、アルジェリア、リビア、エジプト、中東からはシリア、アジアからはパキスタン、バングラデシュなどでごった返している。早速、15分おきに場所の取り合いなどで口論が始まる。

なぜか夜になると喧嘩が増える。船酔いの薬を配りながら「とにかく寝てくれ。なんならイタリアに着くまで寝ててくれ」と切に願った。私たちのチームも心身共に疲れており、かなりギスギスしていた。チームが崩壊していても仕事は続く。徐々にサボり始める人、時間通りに巡視の仕事に来なくなる人なども出てくる。一度崩壊すると、改善策もなく日々は過ぎていった。

船の上は、常にざこ寝状態でプライベートなスペースはない。© MSF

Mom, I am safe（ママ、僕は生きてるよ）

２０１６年には、救助された1割程度の人が古いタイプのガラケーを持っている程度だった。しかし、時代の流れで今は誰もがスマホを持っている。しかし、船上では救助された人たち用のWi-Fiはない。密航業者によっては、Wi-Fi付きだからと追加料金を取っている場合もある。Wi-Fiはないのかと聞かれるが、イタリアに着いたらあると繰り返し伝えるしかない。それでも「家族にこんなに連絡できないなんて……」と泣き出したり、怒り出したり。

ある日、男の子と話していると、家族に連絡したいと言われた。「なんて連絡したいの？　一番初めに言いたい言葉は？」と聞くと「Mom, I am safe」のたった4文字だった。どんな状況にあっても、家族を思う気持ちが一番だ。今では、救助された翌日に一人につき1件だけの番号に「名前と救助された」というメッセージを送れるシステムができた。元気でいるのかと、連絡を待つ家族を安心させられる反面、救助されなかった人について連絡する手段は今もない。

逃走した！
最後まで波乱の下船作業

救助して10日目、下船は、シチリア島のアウグスタに決まった。7時に港に着くように言われたが、7時、いや8時、9時になっても関係各所、誰一人として港に現れない。深夜から荷物をまとめ、われ先にと夜が明ける前から陸を見つめて下船を待つ救助された人たち。しかし、移民関係のオフィスも警察もコロナの検査をする赤十字もいない……。シチリアでの時間軸というのはそんなものだ。

11時頃、やっとコロナのテストが始まった。30分もすると、検査している側のイタリア人女性が防護服が暑過ぎて熱中症になり倒

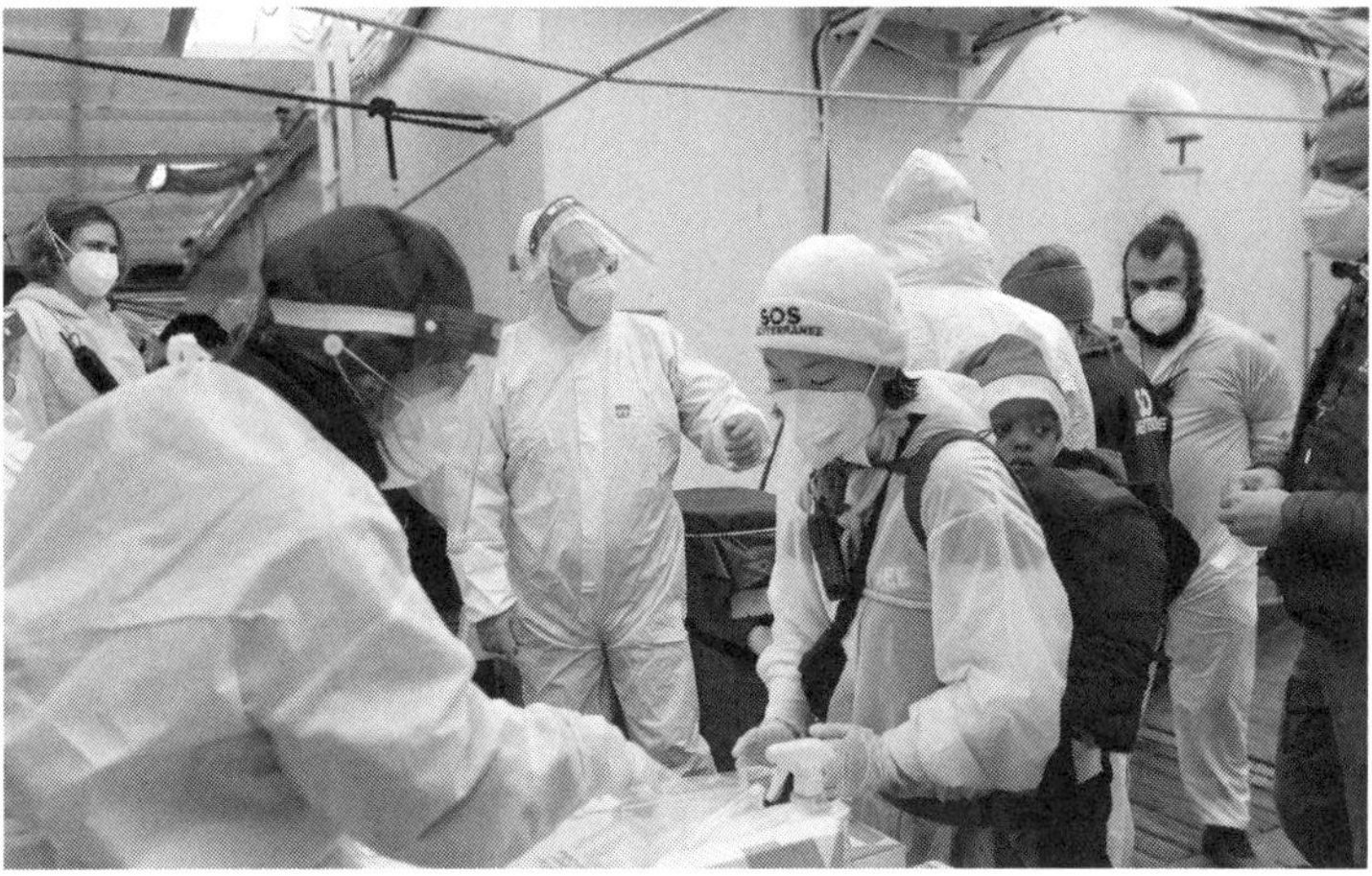

コロナ禍での下船の様子。　© SOS Méditerranée

れた。そりゃそうだ、ビニール製で通気性の悪い全身を覆うガウンを二重に着ていたら、40度を超える船上では倒れて当然である。検査は一時中断になった。

倒れた女性が運び出されて、やっと検査再開と思ったら検査団はランチに行ってしまった。シチリア時間が流れる。コロナのテストが再開されたのは15時だった。この時点で全員の今日中の下船は無理だと悟った。準備も検査も私たちが全力で手伝ったが、夕方に半分以上の人々が明日以降の下船になると知らされた。船でもう一晩泊まることになった人々からは不満の嵐。でも、私たちにはどうしようもないのだ。「あと、もう一日だけ」が彼らにとっては長い。彼らを宥《なだ》め、そして、やっと私たちが夕食の席に着いた頃、トランシーバーから尋常ではない叫び声が。

「逃走してる！！！！！」

船の下部にある、小さな水捌け用の扉から7人が逃走した。みんな夕飯を放り出して、ダーーーーーーッシュ！！！！

すぐに港内の警察に電話。うち3人は港内で確保された。ほかの4人は市内の教会の中で次の日に見つかったそうだ。やれやれ。逃げるよりも、指示に従ったほうが、屋根のある生活ができるのに。今、ここから逃げられると本気で思っていたのだろうか。まさか逃走するなんて考えもしなかった。ここまで来るとさすがである。逃走の件があり、その夜、船は港から少し離れたところに停泊、すぐ近くに常に警察が警備に立つことになった。彼らは、自分たちが不法に入国しようとしているということを自覚している場合が多い。そのため警察をかなり恐れている。

その夜、巡視で甲板にいた私に、一人の男が寄ってきた。そして、「あ～俺も一緒に行きたかった～」とニヤニヤしながら言ってきた。完全におちょくっている。疲労がピークに達していた私は、そいつを睨みつけ「てめー、もっかい言えよ！　警察の目の前で、今すぐ水に飛び込めよ、あ？？？　やってみろよ！！！」と胸ぐらをつかんで言った。それくらい、もう怒りが抑えきれなかった。この男、アラビア語でニヤニヤしながら私に「娼婦、いくらでセックスしてくれる？」と絡んできた男だった。白人の中に一人だけアジア人の私は目立つし、すぐに顔を覚えられる。女ゆえにバカにされることだってある。

こういう人はいちいち相手にするだけエネルギーの無駄だ。これだけの人間がいれば少数かもしれないが人種差別者や倫理観を逸脱している人もいる。救助された弱者の立場かもしれないが、だからといってなんでも言っていいわけではない。しかしながら、メンタルが乱れているときは、私自身も口をつつしむべきであると学んだ。言った自分自身も気分が良くないし、口から出た言葉はなかったことにできない。

最後の夜だというのに、下船できなかった不満からなのか、そこらじゅうでタバコは吸うわ、飯がまずいと言うわ、おちょくってくるわ……。なんでこんな人たちを救助したんだろうか。億単位のコストがかかっている救助船プロジェクト、これだけたくさんのお金があれば、違う国でもっとたくさん救える命があるだろうにとさえ思った。寝ずに仕事をしていることに、感謝されたいわけじゃない。見返りを求めるべきではないと言われるかもしれないが、私は永遠に見返りを求めないほど強くない。これほど、朝日がありがたいと思った日はなかった。2百人近くを乗せた夜は明けた。

下船作業は再開し、次々に人々が下船していった。全員の下船が夕方に終わると、私たちはそのまま掃除に入った。すると、すぐそこから、ただならぬ声が……。さらにトランシーバー越しからも聞こえてきた。なんと、トイレを掃除しようとしたら、トイレ裏のライフジャケットの大袋の中に下船したはずの男の子二人が隠れていたのだ。Store way（ストアウェイ）といって指名手配犯などが隠れて逃げるために使う、船でよくある手口である。船のトレーニング時に机上で学んだことがまさか本当に起こるとは……。また、警察にお世話になることになった。全ての作業が終わったのは夜9時。みんな泥のように眠った。

　アクシデントだらけの初めての救助船の単独運行で、上からのマネジメントに対してもチーム内は不満の連続だった。あまりに不満が多いので、本部の偉い人がチームに事情を聞きに来たが、ときすでに遅し、チームは完全に崩壊していた。

　さらにこの偉い人は「トイレ、シャワー付きのいい個室に住んでいるのに、何がそんなに不満なの？　アフガニスタンのプロジェクトなんてもっと大変よ～」と全く関係ないプロジェクトの話を始める始末。こんなとき「もっとしんどい人がいる」という話ほど役

船上からの朝日は息を呑むほど美しい。

に立たない比較はない。組織が大きくなるほど、現場と本部の距離は離れていく。

救助船のプロジェクトは、組織にとって何百とあるプロジェクトの一つに過ぎず、現場の意見に耳を傾けるつもりがないのは明らかだった。私が乗船していた半年間で一番偉い人が4人も変わったのだから、何かしら問題のあるプロジェクトだったのは明らかだ。私はこの救助船に二度と戻ることはなかった。

ハメられる救助船

2024年1月、私はオーシャンバイキング号に乗船していた。救助船で助産師の仕事を始めてから8年が経っていた。救助船の状況はこの8年で大きく変わり、イタリア政府もリビアの沿岸警備隊も手を変え品を変え私たちの救助活動を妨害しようとする。

この日、救助ゾーンに着き、いつものように捜索を始めていた。天気も波もいい。密航業者にも救助する側にとっても絶好のコンディションだ。そしてここからがドラマの始まりだった。結論から言えば、私たちはこの日、完全に密航業者にハメられた。まずは3隻を救助し、船はあっという間に212人の人々で埋め尽くされた。もう一隻、救助すべきボートがあるらしいが、それが今流行りの「ランナウェイボート」だった。

ランナウェイボートというのは、リビア人の操縦士が一人、乗客（ヨーロッパに向けて海を渡りたい人々）を乗せて高速でやって来る。救助してくれそうなNGOの船まで行って、乗客を救助船に移し、そのあと操縦士はボートを操縦してリビアに戻っていくというもの。NGOの船なら確実にイタリアまで届けるという人道的支援というか、海洋法のルールの足元を見てリビアの密航業者がやる汚い手法だ。私たちが、海のタクシーとして使われているようなものである。

移民受け入れ反対派からはNGOが密航業者と組んで、移民の流入＝密航に手を貸しているように見えるのだろう。もちろんそんな事実はないが政治的にはそのように思われても仕方がない。そのため、こういうボートを救助すると、20日間の勾留と罰金3千ユーロをイタリア政府から請求されるという国がらみの嫌がらせが待っている。去年からすでにほかのNGO救助船は勾留と罰金を受けていた。

乗客49人を乗せたこのランナウェイボート、上等なエンジンが2個もついていて、めちゃくちゃ速い。グラスファイバーでしっかりできていて、一見、遭難ボートという感じではない。しかも、リビアの沿岸警備隊の船がさっきまでそこにいたのに、それを振り切って私たちの船の近くまで来ている。沿岸警備隊が彼らを引き留めて連れ戻さないのは絶対におかしい。

リビアの沿岸警備隊も絶対グルである。いくらかお金をあげたら、すぐに見逃してくれるくらいの裏取引は簡単にできそうな人たちだ。このランナウェイボートの乗客を救助すれば、私たちの船は確実に勾留を食らう。だから逃げた。とにかく逃げた。それでも、ものすごい勢いで追いかけてくるランナウェイボート。私たちの船は最速でも10ノット（1ノットは時速1852キロメートル）なのに対し、ランナウェイボートは、全速力でエンジンを噴かせてその3倍の速さで追いかけてきて、どうにか乗客をNGOの船に引き渡そうとする。

あとでわかったことだが、一人当たり7千ドル（百万円ほど）を支払わせているらしい。総勢49人が乗っていて、総額4千9百万円の報酬はすでに受け取っている。だから、確実に私たちに乗客を引き渡したい密航業者。「ビジネスisビジネスの密航業者」VS「船の勾留と罰金を免れたいから逃げる救助船」。本当にしつこく追いかけてきては、「この嘘つきやろう！　ファックユー！」とボートを操縦しているリビア人が叫ぶ。そして、ライフジャケットも着けずに乗っている人たちに、「飛び込め！　そうすれば救助船が救助するから」と指示を出したり、船の両サイドで準備している私たちの高速船の下に来て「この船に飛び乗れ！」と指示したり、タチが悪いにもほどがある。

結局、攻防戦の後、49人をこちらで引き取ることになった。というか、引き取る羽目になったというのが正しい。もちろん、この49人は、人生を賭けてヨーロッパに渡るため、百万円近く払っているのだし、彼らに罪はない。でも、これであの密航業者が大金を手に入れ、シメシメとなる姿を思うと、はらわたが煮えくり返りそうだった。

そして、その49人がいざオーシャンバイキング号に乗ってきた。すると、最高司令塔のコーディネーターから「乗船と共に携帯を没収するように」と指示が入った。カゴを渡された一番近くにいたドクターが、そこにみんなの携帯を入れるように言われた。すると、彼は手を引っ込めて「いやだよ、僕は警察じゃない」と言った。確かに気持ちはわかる。でも、もうすでに目の前にいるのに、ここでごちゃごちゃ言っている暇はない。「じゃあ、いいよ、私がやるから」そう言ってカゴを受け取った。私だって警察じゃないし、そんなことはしたくない。なんのためにやるのかよくわからないけど、最高司令塔からの指示。感情を消して従うのにはけっこう慣れた部分もある。仕方がないから従った。

後日、人々を下船させた後のデブリーフィング（スタッフ間の簡単な打ち合わせ）で知ったのは、ほかの救助船で、救助された人たちと救助船のスタッフが一緒に撮った船の上での写真に「リビア最高！」「密航したい人はこちらまで電話 XXXX-XXXXX」などと、ランナウェイボートを推奨、宣伝するような投稿をSNSに上げた人がいて、それが世に拡散。密航を助けたと、救助船のスタッフ個人が罪に問われているケースがあるという。そのリスクを避けるために携帯を没収しろと司令塔は言ったのだ。もう、やりたい放題、完全におちょくられている救助船。この移民受け入れ断固反対の風潮の中、救助船が生き残っていくには、もはや限界が来ているのかもしれないと思った。

そして、数日後、指定されたイタリア南部の港で261人を下船させた。下船作業が始まるや否や、やってきた政府からの紙きれ1枚。それは、すでに印鑑の押された「20日間の船の勾留と3千ユーロの罰金」を示す書類だった。ランナウェイボートを救助したがための代償は本当に大きい。コーディネーターは港の警察に呼ばれ、状況確認のための事情聴取。こちら側の主張をしたところで勾留と罰金が覆ることはない。それどころか「認めていない救助をし、状況を悪化させた」とリビアの沿岸警備隊が証言したというのだ。まったく大嘘つきである！！！！

しかし、移民の流入を止めて市民の支持率を上げたい政治家たちは、それが嘘かどうかなんてどうでもいい。自分たちが支援している、リビアの沿岸警備隊が言っている都合のいい嘘がまかり通る世界である。船の勾留と共に私たちのミッションはここで終了となった。

3章

垣間見える人間模様

赤ちゃんが生まれる

私が初めて救助船の仕事をした2016年の年末、船の上で一つの命が生まれた。臨月の妊婦が救助されるのはよくあることで、このまま下船になると思っていた。しかし、翌日の早朝に陣痛が来た。そして6百人の救助と分娩が重なった。

運悪く天候が悪くて海は大荒れ。点滴はグワングワン揺れて、床のヨガマットで痛みにうめく産婦。陣痛はなかなかうまく進まない。ご飯もろくに食べておらず、睡眠も取れていない。ましてやここは船の上。さらに、次々に救助される女性や子どもでシェルターはどんどん埋まっていき、優に百人を超えていた。船酔いやびしょ濡れの洋服を着替えさせたり、ガソリンが付いた体を洗い流すためのシャワーの手配。それと同時にクリニックでは進まない陣痛に私は痺れを切らしていた。

産婦をヘリコプター搬送しようと上司に相談するも、日曜日と天候の悪さも重なって、ヘリが来るまで最低でも5時間はかかるという。一度は搬送を諦めた。ここは、地中海のど真ん中。母子の命を預かる責任がのしかかる。シェルターでは百人を超える女性と子どもがやかましく騒ぎ立てている。やはりお産は進まず、時間がかかってもいい

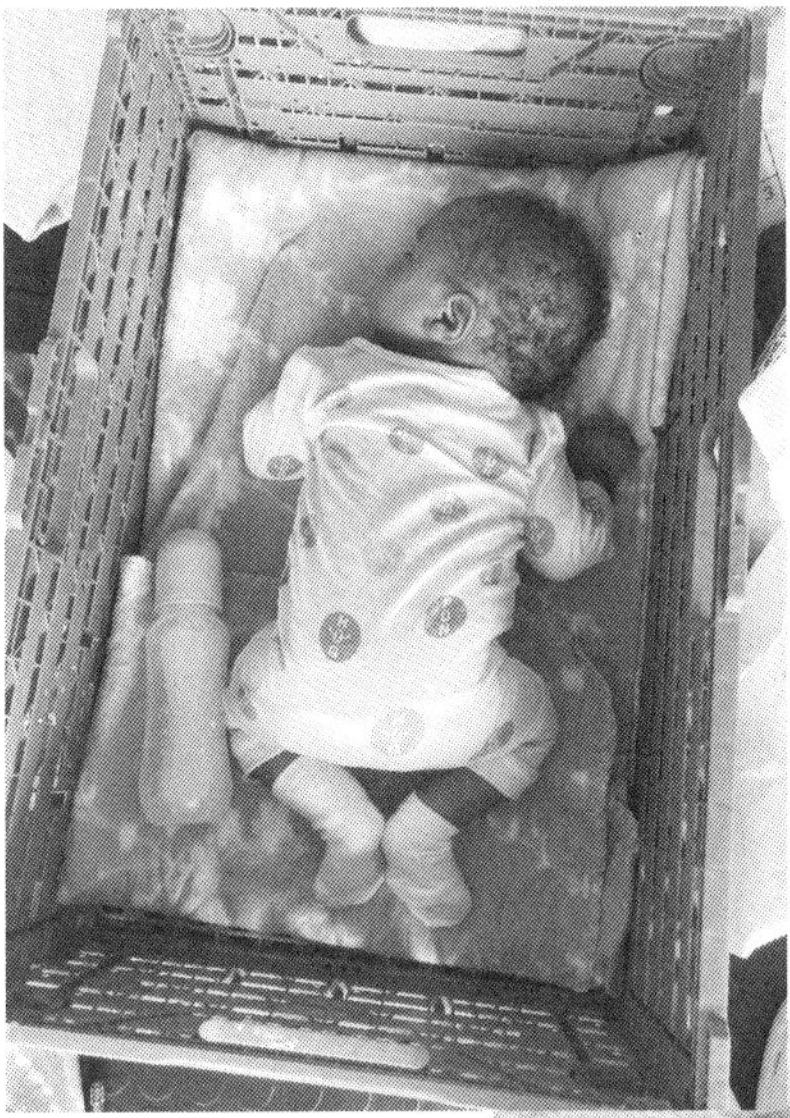

パンを入れるバスケットが
ベビーベッドの代わりに。
© SOS Méditerranée

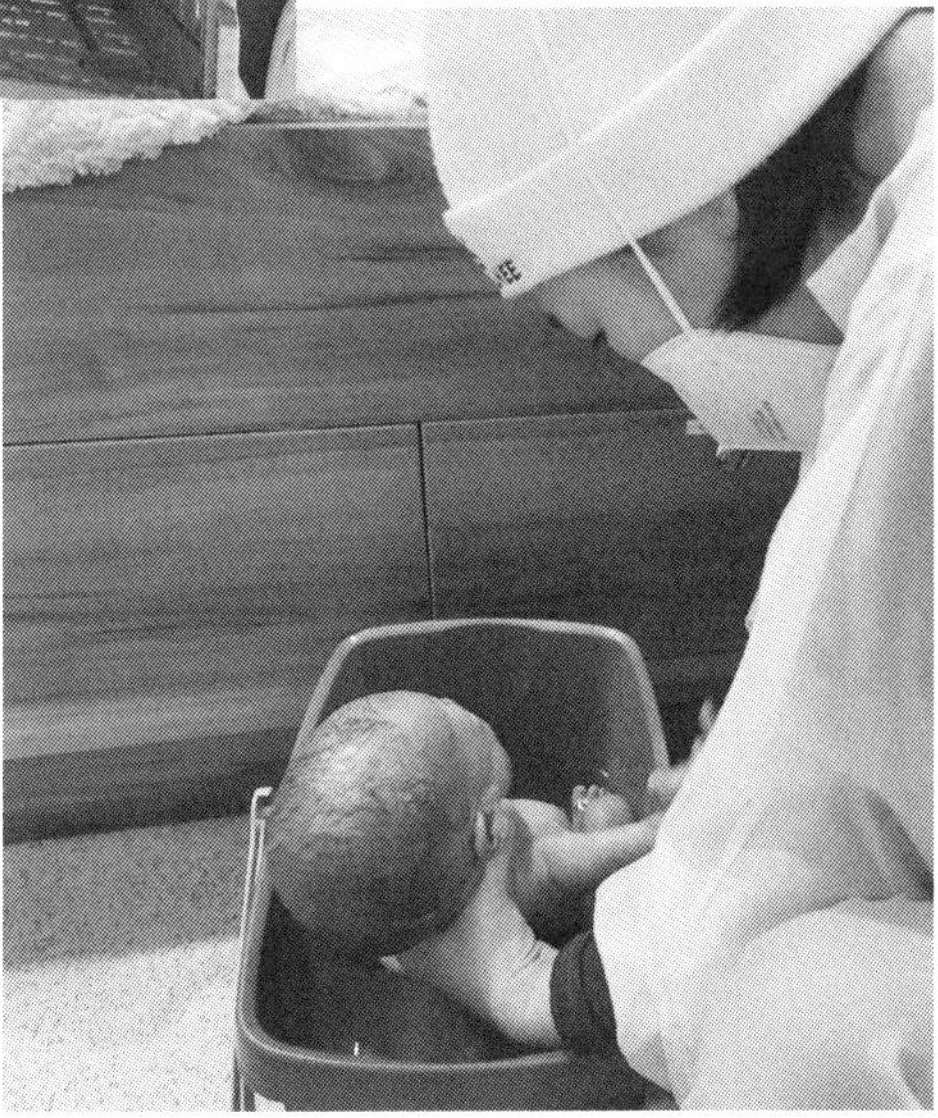

船酔いでダウンしている
母の代わりに沐浴をすることも。
© SOS Méditerranée

とヘリコプター搬送を決めた。そして、クリニックに戻ると何やらいきんでいる産婦。えっ？　足の間のタオルをめくると、赤ちゃんの頭がもう見えている。そこから数分後、元気な男の子が生まれた。助産師になったあの春、船の上で分娩を扱うことになるとは思ってもいなかった。

そして、その分娩から8年が経つ。今も元気でいるのかなと、ふと思うことがある。

赤ちゃんと添い寝していたお母さんが疲れて爆睡してしまい、赤ちゃんが船の揺れで転がってしまっては困ると、朝食のパンを入れるバスケットをベビーベッドにした。ここは海のど真ん中。なにかあったときのための設備の整った病院はないし、なんならベッドもない。産むときも産んでからも床で寝る。高級な病院食も素敵な病院からのお土産もない。そんな出産をしなければならない女性もこの世にはいる。

組織ぐるみの人身売買

通常、救助された人々は、下船後一時的にReception center（受け入れ所）に行く。そこから個人の状況に応じて、それぞれの仮住まいに振り分けられる。

船で生まれたばかりの新生児と母親は、まず近くの病院へ搬送された。出産の翌日、私は同僚のマチルダと共に母子のいる病院へ会いに行った。

病院に着くと、赤ちゃんがすやすやとベビーベッドで眠っている。母親は、その横にあるベッドではなく床で寝ている。自国やリビアの留置所での生活では、床で寝ることが多く、彼女にとってベッドは寝づらいらしい。夜間に看護師が何度もベッドの上で寝るように言ったが「床で寝たい」と聞かなかったそうだ。私たちは、たった一日ぶりだったが、やっと会えた家族のように抱き合って再会を喜んだ。看護師からは、母子共に問題はないと報告され、私からも船での出産の状況を簡単に説明した。すると、看護師が1枚の書類を持ってきた。

翌日、母子寮に移動するために、彼女は書類に生年月日と署名をしなくてはならなかった。彼女は自分が28歳であるということは知っていたが誕生日を知らない。学校に行ったこともなく、字も書けない。しかし、書類はもう目の前にある。多くのアフリカ系サッカー選手のように、誕生日が1月1日なのはアフリカあるあるだ。仕方なく私の判断で、誕生日は覚えやすい1月1日にした。ペンもまともに握ったことがないのだろう。彼女は、不思議そうにペンを持ちあげ「これどうすればいいの?」という顔で私を見た。誕生日の部分は私が代筆し、署名の部分は二人羽織のように彼女の手を持って、横線を1本引いた。それが彼女の人生初めての署名になった。

　母子寮に移動してからも、また、マチルダと会いに行った。そこは町の中心から少しだけ離れた場所で、大きめのシェアハウスのようだった。スタッフが常駐しており、そこに住んでいる人は、ほとんどが救助船でイタリアにたどり着いた女性や子どもたちだった。

　一緒に話をしていると、彼女は1枚の紙切れを靴下の中から取り出した。そこには、何人かの名前と電話番号が書かれている。彼女が、ここに電話したいから、電話を貸して欲しいと言ってきた。幸い、当時の私は電話の繋がる携帯を持っていなかったので、かけられないと伝えた。

船で生まれた赤ちゃんとお母さんに会いに。

面会後にそのことをスタッフに話した。すると、その電話番号にかけて欲しいと彼女が何度も何度も言ってきたので先日、スタッフが電話をかけたところ、男の人が出て、第一声は「Where is she?（彼女はどこだ?）」だったそうだ。私は「やっぱりな」という思いと共に鳥肌がたった。多くの女性はイタリアに美容師やベビーシッターの仕事があると騙されて船に乗せられ、イタリアに着いたら電話するようにと特定の電話番号を渡されていた。リビアとヨーロッパにまたがる組織ぐるみの人身売買が存在するというのは私たちも知っていた。「絶対にそういう電話番号に電話しないように」と下船前に救助された人々に強く伝えていた。しかし、人身売買や密航業者に、海を渡る代金を肩代わりしてもらっている人も多くいる。払えなければ、その借金を盾に家族が恐喝される可能性もある。それを恐れて結局、電話をし、闇の組織に囚われる人もいる。

イタリアに着いても、美容師などの真っ当な仕事がすぐできるわけもなく、多くの女性は売春婦やドラッグディーラーなどとして違法に利用される。おそらく、彼女もその可能性がある一人だったのだろう。この母子寮は、外出も自由で、突然帰ってこなくなってしまうケースもあるという。正式な書類が手に入るまで、1~2年またはそれ以上かかることもある。たくさんの人が、それを待ちきれずに路上生活へと逃げ出し、その先で違法に収入を得ているのも現実だ。家族を自国に置いてきて、お金を送らなければならないなど、彼らの背負っているものは重い。

帰り道のタクシーでマチルダと話をした。彼女は広報として乗船しており、またフランス人のジャーナリストとして長くイタリアで働いてきた。2013年、ランペドゥーザ沖で、海を渡ろうとした360人以上が乗った船が転覆した件の報道にも関わっており、イタリアの政治状況に関してはとても詳しかった。世界の政治に疎かった私に、これまでの救助船の歴史や、今の立ち位置、段階的に救助船の立場が追い詰められてきている事実をわかりやすく教えてくれた。そして、救助船は絶対に必要だと熱く語ってくれた。私の知らない世界を開いてくれた気がした。未知の世界を知れば知るほど、普段気づいていない自分の固定観念が露《あらわ》になってくる。狭い島国、日本にいるだけでは問題があることにさえ気づかない。

彼女の救助船への想いは熱く、このとき私もまた救助船に戻ってきたいと強く思った。しかし、立ちはだかるフランス語の壁。救助船に戻るには、フランス語が必須となった。そこで、この勉強嫌いの私がゼロからフランス語を始めることにした。何年もかかったが今では、なんとか診察するくらいまでは話せるようになった。

船には医療者や船乗り以外にも、いろんなバックグラウンドの人がいた。元俳優、画家、数学の先生、シリアからフランスに亡命した人、オリンピック予選まで行ったランナー、ジャーナリスト……。それらの人たちが、救助船という一つの目的で、日々交代しながら仕事をしている。振り返ると、この仕事につかなかったら、出会わなかった人、起こらなかったことがたくさんある。数々の偶然の巡り合わせがなければ、今ごろ全然違う人生を送っていたかもしれない。

ジャーナリストめ！

ほとんどの救助船にはジャーナリストが乗っている。大義名分としては、地中海での救助船の活動を世の中の人に知ってもらい、広報の活動に繋げること。フリーランスの記者から大手報道局のジャーナリストまで色々だが、彼らの中にはセンセーショナルで目を引くような映像を常に狙っているハゲタカのような人もいる。プライバシーもお構いなしに、救助された人に撮影やインタビューをする。妊婦や子どもはいい素材になるので特に注意が必要だ。

あるとき「この人妊娠してるよ！　具合悪いんだって」と緊急事態であるかのように

ジャーナリストが報告してきたことがあった。前日に救助され、寒くて揺れる船の甲板で一晩過ごしたら、妊婦じゃなくても具合悪くもなる。彼女は体を丸めて寝ていた。

「わかった、あとで見る」と一言伝えると、

「え、今なんもしないの？」という表情のジャーナリスト。しない。寝ているところをわざわざ起こして、赤ちゃんの心音を聞いたところでなにもできない。ここは海の上。すでに簡単に診察をして、母子ともに異常がないのはわかっていた。

このジャーナリスト、大手の会社から来ている。ここの会社から来るジャーナリストは、今までにも違う船で会ったことがあるけれど、特ダネを求めてプライバシーを考えずにグイグイ来る人が多い。仕事上、写真や取材が必要なのは承知しているが、余裕でガイドラインを超えてくるので要注意人物だ。

「さっきの妊婦さん、エコーしてるところをビデオに撮りたいなーって思って、君に報告したんだけど、緊急事態じゃなかったみたいね」は？　いやいや、あなたの被写体のために必要ないエコーとかやらないから！　それで、緊急っぽく言ってきたのかもしれないと思うと、めちゃくちゃ腹が立った。苛立ちを押し殺して「チェックしたけど、何の問題もありませんでした」と言ってその場を去った。

さらにここから、もっと彼の本性を見る。救助された人たちへの夕食のスープを一緒に作っていた。そしたら、このジャーナリスト、大きい鍋なのにチキンスープの素をちょっとしか入れない。ケチだなと思った。ほとんど味がしないから、スープの素を追加しようとすると「入れなくていいよ、もう色付いてるし」と言う。私が「味見してみ、全く味しないよ」と言うと、「どうせ味わかんないから何でも食べるでしょ、この状況なら。refugee（難民）だし」。やっぱりな、彼の本性が出た瞬間だった。私なら「自分がいらないものは人にあげない」が基本だと思う。救助船は善意ある人たちばかりではなく、黒人差別という構造が垣間見えることがある。その場からヤツがいなくなった瞬間私は、チキンスープの素を大量にドバーッと投入。ちゃんと味見もして、食べられるレベルのスープにした。

次の日「明日、エコーしてるところを撮りたいんだけど」と例のジャーナリストに頼まれた。頼み方が丁寧だったから「タイミングが合えば」と承諾した。被写体のためとかソーシャルメディアに載せるための医療はあまりやりたくない。しかし、ある程度は協力しなければと私も思う。クルーの中には、ジャーナリストや広報をパパラッチのように毛嫌いする人も多いけれどそれは違うとも思う。撮りたいのはあなたではなく、その状況、風景を伝えるため。逆に、女優のように「私、助けてます、素敵でしょ！」とユニセフ大使ばりにアピールする人もいて、まぁ、それはそれでエゴがすごくて呆れる。国際協力界隈には弱い立場の人々を利用し、自分を善人に見せたがる自己愛が強い人も割と多い。私はついそういう人を軽蔑の眼差しで見てしまう。

妊婦さんがエコーを承諾してくれたので行うことにした。すると帰り際に、そのウザいジャーナリストが「じゃ明日、予約ね！」と振り向いて言った。その一言にまた腹が立つ。「何、予約って？　レンタルじゃねーよ！」

最後まで、舐めた態度だった彼は、後日、私が撮った映像を自分の名前のクレジットで

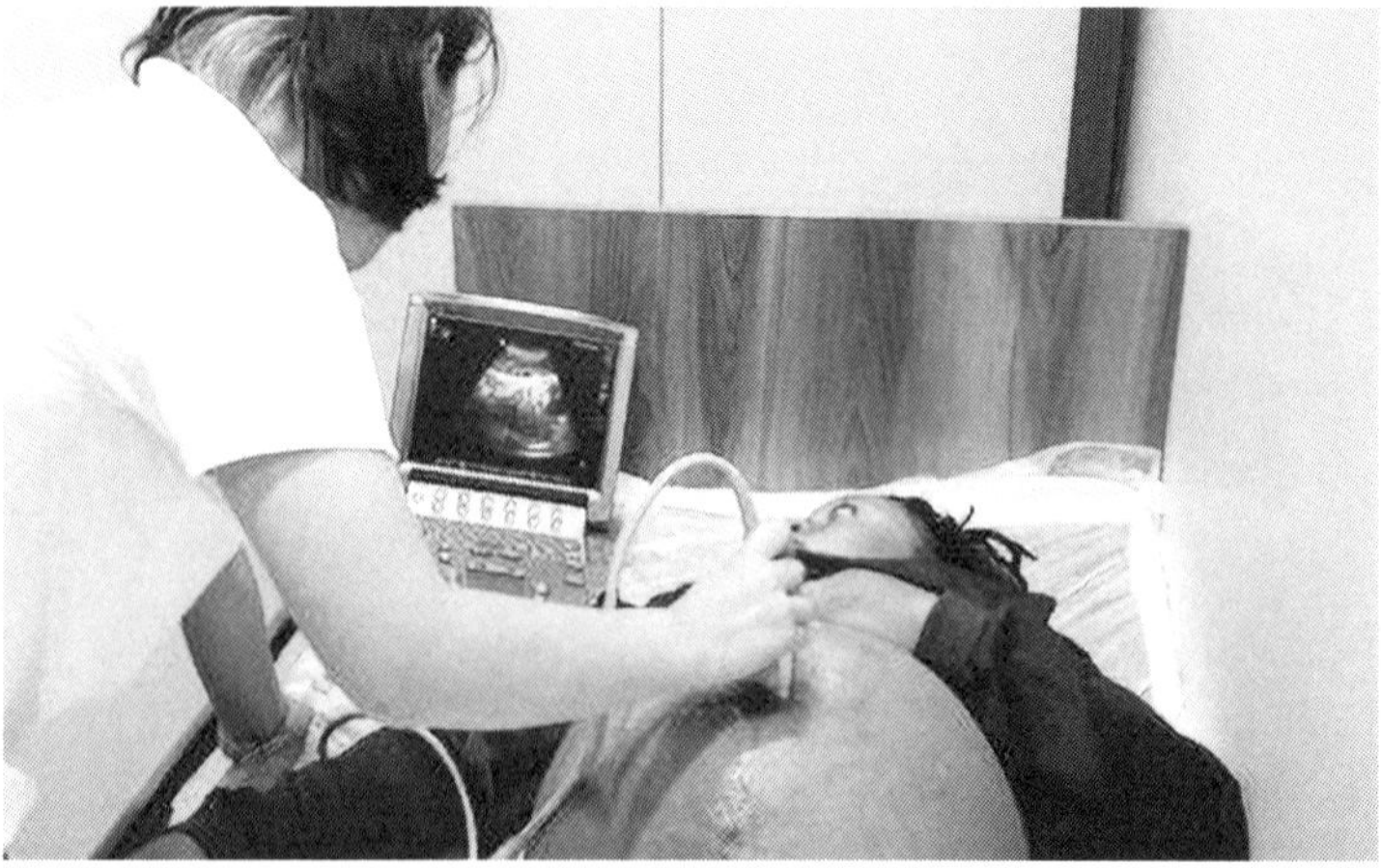

母子の健康をエコーで確認。© MSF

SNSに投稿していた。人の手柄も自分の手柄。救助船に乗っている人がみな善人ではないのだ。

多国籍の看護師と働くということ

多国籍の人たちと働いていると、ときに気の合わない医療者もいる。苦手な人とは距離を置くというのが私の身を守る方法だが、これが小さいチーム、さらに狭い船上だと逃げられない。

日本でもそうだが、世界的に見ても、看護界のヒエラルキーのトップといえば、救急と外科だ。だから、その界隈の看護師は結構プライドが高い。

以前、一緒に働いたヨーロッパ出身の看護師。腕には大きくてリアルな心臓のタトゥー、おそらく外科か救急界隈の看護師だろう。たくさんの資格や経験を持っていると、やたら長い自己紹介をしていた。これは、けっこう自信満々そうだなと初めから思っていた。そして、私の予想が当たった。

海外の多くの国では、医療者は患者のケアと記録のみで、そのほかの業務はアウトソーシングが多い。一方で、日本は掃除もシーツ交換も看護師がやることが多い。船も同様だ。薬品の定数管理や医療廃棄物の管理、クリニックの掃除も全て自分たちでやる。日本人の私としては、やるのが当たり前だが、やらないことを前提に仕事をしている人たちは、船に来ても本当にやらない！　診察に使ったものは使いっぱなし、ゴミも散乱していて、放っておくと朝までそのまま。比較的きれい好きな私は、やりっぱなしは許せないタイプで、本人に指摘するのも面倒くさいから、結局、自分でやってしまう。彼女にとっては、私は掃除洗濯おばさんだったのだろう。「洗濯物溜まってるよ」と私に報告してくるようになった。ここまで来ると、もはや私は驚きの向こう側、開いた口がふさがらない状態。私、洗濯当番じゃないしな。

多国籍の人同士で働けば、みんな常識が違う。世界に出れば、私の常識は他人の非常識である。だから、他人のやり方には干渉しないものの、掃除くらいせーよ！　とは思う。でも、人と過去は変えられない。結局、自分でやるほうがストレスフリーだ。

さらには、救助された人は、リビアという過酷な場所で生き残れるほどだから、基本的に体は健康だ。いちばん多いのは疥癬《かいせん》というダニに喰われて全身が痒くなる皮膚の感染症。シャワーもろくに浴びられず、洗濯もできない環境ではかかりやすい。次に擦過傷《さっかしょう》や疼痛《とうつう》。歯を含めた体のどこかしらに傷や痛みがある。続いて、船酔いと不眠、それから性暴力。あまり大きな外傷などはなく、外科の看護師である彼女の活躍する場面はなかった。彼女は、ほとんどの患者を自分以外の医療者に任せ、船で出会った男子と恋愛に勤しんでいた。異文化には色々な意味で驚くことが多い。

広報にも戦術があるのか

同僚がパソコンの前にかじりついていた。その画面には「約１３０人の移民が乗ったボートが地中海で救助されることなく沈没」という記事が。２０１９年のことだ。１３０人は全員死亡と推定。遺体は引き上げられず、亡くなったことを家族に連絡すらできない。地中海でボートが沈没して数百人が死ぬことは、今となっては、新しいニュースでもなんでもないが、世間の目に留まるように発信する方法を考える広報担当の責務は重い。

Standoff（安全な港が見つかるのを待つ時間）の日数が長くなればなるほど疲労と苛立ちが募ってくる。日々のミーティングでは、私たちスタッフ間でもドラマが起こることもある。

「３５３人が船の甲板で寝ていて、行き場所がないなんておかしい！　なんでもっと、メディアとかで訴えないのか?」と広報に詰め寄る人。すると、レスキューチームのリーダーが「この状況になるのは最初からわかっていた。すぐに港が決まらないなんて想像通り。わかりきっていた結果に、勝手にイライラするな。状況を受け入れて待つ、それ以上でも以下でもない、以上」シーーーーーンとなる空気。

すかさず広報が「今ここで、こんなにひどい状態です! とメディアで訴えるのはまだ早い。一番のジョーカーは、食べ物がなくなって非常事態です! とか脱水症状が悪化してヘリ搬送とかのほうが世間に訴えるのにパワーがある。もちろんそこまで待つのは究極だけど、今は、待つのが賢明よ」

へー、広報にも色んな戦術があるのか……と冷静に外野として見ていた。

しかし、それも束の間、私が広報戦略に巻き込まれることになった。

突如、血圧が高い妊婦を緊急搬送すると言われた。助産師の私は完全に寝耳に水。血圧が少し高い妊婦のことはもちろん把握していたが、上司には様子見で大丈夫と伝えていた。しかし、上司は勝手に搬送を決め、既に申し送り書まで作っていた。このドイツ人の女上司、かなり独裁的な人で、じめ~っとした意地悪さがあり、最初から馬が合わなかった。

私が「どうして搬送するの？　私、搬送が必要なんて言ってないけど！」と言うと、「もう決まったことよ」の一点張り。緊急でもなく必要のない搬送を勝手にされた助産師の私は立場がない。でも、ヘリコプターはこちらに向かっており、もうキャンセルはできない状況だった。妊婦はカメラを握りしめる広報やジャーナリストがシャッターを切る中、ヘリコプターで近くの病院に搬送された。頭に血が上りきった私は上司を睨み、「お前がヘリコプターでどっか行けよ！」と思った。

数日後、無事に病院で男の子を出産したと聞き、めでたしめでたしだったが、私と上司の関係は完全に破綻。船を降りる最後の日まで、ろくに口を利くことはなかった。

緊急性があり、インパクトのある船の上からのヘリコプター搬送はビジュアル的にも広報の良い素材になる。しかも、もう10日以上、広報としてパブリックに発信するネタもなく、彼らが特ダネを探していたのは知っていた。私の知らないところで、広報と上司の間にやり取りがあり、ヘリコプター搬送を推されて決めた雰囲気がなんとなくある気がした。あの搬送は、広報の戦略のために使われたと今でも思っているが、真相はわからない。

性暴力の証明書

助産師は、性暴力を受けた人に「性暴力被害者の証明書」という書類を書くことができる。この書類に法的な力はなく〝性暴力を受けて診察を受けました〟という第三者から見たヒアリング書類であり、レイプを医学的に証明するものではない。この書類が難民申請で役に立つ場合もあるらしいが、どの程度なのかは私にはわからない。

今まで、多くの性暴力サバイバーと接してきた。診察室に来た女性たちがその体験を伝えようとするときはどこか怯えている。自国やリビアでの過酷な体験は容易に想像できる。書類を書くために最低限の事実確認はするが、相手の口からこぼれ落ちる言葉のみ拾い、深く詮索はしない。泣き叫ぶ人、長い沈黙、過呼吸になる人など反応は様々。人間が立ち直るのには時間がかかる。やたらと優しくするよりも、感情を味わい尽くして思い切り心の膿を出させるほうが良い。そして、薬や中絶などの医療的なニーズを満たすこと。

治療が保障されている事実がわかれば、みな安堵する。さらに、大切なのは「あなたは一人の尊敬できる人間である」と伝え、人間としての誇りを取り戻させることだと思う。自分が大事にされている、存在価値があると実感できると、人は生きる強さを持てるようになると思う。

今のヨーロッパの移民受け入れの現実を見ると、書類1枚でこの人たちの人生が大きく変わり、救われるとは思えない。国連難民高等弁務官事務所（ＵＮＨＣＲ）などの組織はその国で「生きる」ための手続きをしてくれるが、基本的人権がなければ、人身売買のリスクに常にさらされ、仕事がなければ、体は生かしても、生きる意味を与えてくれない。結局は、一人ひとりが、自分たちの力で生き残らなければならないという厳しい現実がある。ただ、彼ら彼女らの体験を記し、それが誰かの目に留まることで、彼らの人生の一助となればと思いながらこの証明書を書いている。

さらに私はこう伝える。「今のヨーロッパで移民として住むのは簡単じゃない。これから先、あなたたちを助けてくれる良い人もいるけど、騙そうとする悪い人もいる。仕事があるという上手い話に騙されて、売春婦やドラッグディーラーになる人があとを絶たないのが現実。私は、あなたにそうなって欲しくはない。難民申請には時間がかかるけれど、辛抱強く待って正当なルートで生きていくことがあなたの人生にとって最善。どうか、人としての道を外れないでほしい。過去は消せないけど未来はいくらでも作れる」と。どんな境遇にあっても、自分がどこに目を向けるかで心は変えられる。恵まれた環境で生きてきた私のような人間が言う、もっともらしい正論なんて伝わらないかもしれない。それでも、伝えないより伝えたほうがいいと思っているのは私のエゴなのか。それどころか「お前、地獄見たことねーだろ」と言い返されてもおかしくないほどの壮絶な経験を乗り越えてここにいる彼女たちに、適切な言葉など見つけられない。

船酔いしないの?

「船で働いている」と言うと、必ず「船酔いしないの?」と聞かれる。毎回ではないが船酔いはする。やはり自然には勝てない。一番効果があるのは寝ること。船酔いの薬もあるが、頭がぼーっとして眠くなるだけ。ほかにも、耳の裏につけるパッチがある。一度貼ると72時間持続し、平衡感覚を麻痺させる効果がある。だが、これには副作用もある。それは、尋常じゃないほどの口の渇き。水無しで乾き切ったクラッカーを10枚連続で食べたくらい乾く。なので、水をガブガブ飲んでいたら、トイレの回数が半端ない!ミーティング中に何度もトイレに抜け出すほどの尿のスプラッシュマウンテンが発動!ほかにも、目がチカチカして、携帯の文字がボヤけたり、点が動く虫に見えたりする副作用があった。船酔いに効き目はあるが、それ以外の弊害が多すぎた。

救助中は、アドレナリンで船酔いを感じることは少ない。それに、水平線を見て新鮮な空気を吸えば一定の効果はある。それでもときに、船酔いは突然やってくる。トレーニングでは、溺れた人の役で海に飛び込まなくてはいけないこともある。小型船に乗り込み、海へ飛び込む。我先に助かろうとする遭難者になりきって、迫真の演技。

練習とはいえ、広い海で溺れるのは、クロールで25メートルやっと泳げる程度の私には結構しんどい。そして、そのトレーニングの合い間に小型船に乗っていると、気持ちが緩んで酔う。込み上げてくる吐き気をぐっと飲み込み、気合いでトレーニングを続行したこともある。何ごとも気合いだ。でも、乗り越えられず、陰でゲロゲロしていたことも実はある。気合いだけでは自然には勝てない。

改名のかかった船舶試験

救助船の出発が遅れて時間に余裕があったので「船舶一級（一級小型船舶操縦士）」を取ることにした。天気や波、船についてもっと知りたいと思っていたから。座学と教習、そのあとは筆記試験と会場での実地試験がある。４日間で、船のエンジンの確認、エンジンの掛け方、ロープの結び方、ルールや法律などを学ぶ。実習では、東京湾で教習用のボートを操縦する。車の運転もそんなにセンスがあるほうではないが、船は波があるから自分の行きたいほうに思うように行けなかったりして車よりも大変だ。

それでも、二級は合格した。

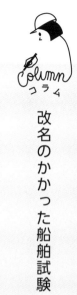

帰宅して、緊張が解けたのか一気に眠気が。ちょっとソファで寝て、起きたら体が熱い！！！　熱をはかったら、39・３度！！！！！！

今までアフリカも含めて、どんな国に行っても、なんの感染症にもならず、健康そのものだったのに、ここに来てメンタルの弱さが出た。慣れないテスト勉強と実習の緊張感のせいだ。

次は一級、山場は海図！　これが一番難しくて、これも徹夜で勉強した！

私の名前は「毬奈」。英語では「Marina」、港という意味である。名付け親の父は海に縁もゆかりもないのに、なぜかめちゃくちゃ船とか海っぽい名前。

「私、これ落ちたら、名前『マリナ』から免許がいらない『手漕ぎボート』にしないとしめしがつかない」と自分に改名プレッシャーをかける。しかも、苗字も「小島」で、どっちかというと海っぽいので、これも海ではない山っぽく、『山田』とか……。

落ちたら改名『山田手漕ぎボート（Tekogiboto Yamada）』ダサい。田舎の貸し出しボート屋さん状態。

そんな改名プレッシャーもあってか、船舶一級も無事取れました！！！！！！

4章

救助した女性に会いにパリへ

シングルマザーのルーシー

２０２０年の年明け、ある人に会うため、フランスのパリに向かった。会いたかった人とは、私が働いていた救助船オーシャンバイキング号で救助した女性。

２０１９年の夏、新しい船になって救助活動を再開。３５３人を救助するも、ヨーロッパはどこも港を開けてくれず、２週間を船上で共にした。その後、無事にマルタ島に下船になり、数か月経った頃、Facebook越しにある女性から連絡がきた。

「あなたたちの仕事に大変感謝しています。救助してもらったルーシーです。私たちはパリで新しい生活を始めました」

おお！　救助したシングルマザーのルーシーではないか！？　「これはいつか会いに行こう！」と私は強く心に決めた。それから半年ほどが過ぎて、ベナンの仕事を終え、いざパリへ。当日の待ち合わせ場所は凱旋門の近くのスタバ。余裕を持って1時間前に出たのに、乗り換え先の電車はストで動いていない。

「どうしたら、ここまで行けますか？」と駅員に聞くと、

「16時30分まで電車は止まってます」と。

ルーシー親子とパリで再会。

いや、答えになってない。

もう一度、「ど〜〜したら？（強調）行けますか？」

駅員「さぁ〜〜？？？」

私の心の声『あぁぁぁあん（怒）！！！　あぁ、私はフランスにいるのに（泣）』

発見！！

　携帯の地図を見ると凱旋門までそんなに遠くない。そして、近くにレンタル自転車を
もう、これは自転車で行くしかない。すでに待ち合わせ時間を過ぎていたので、エッフェル塔から凱旋門まで地図を頼りにレンタル自転車を飛ばして無事到着！！　そこには大きく手を振るルーシーが見えた。そして再会！

　船の上では、みんな配られた同じ洋服を着ていた「救助された人」だったけど、私服姿の彼女たちを見て、この人たちも「個人」なんだなぁ〜と改めて実感。子どもたちも一回り大きくなっていた。近くのカフェで暖をとりながら、船のときの写真をみんなで見ながら「いやぁ、大変だったねぇ。本当に私たちはラッキーよ。今は、正式な書類を待っているけど、それでもなかなかね〜」なんて話をした。

　そして、自分の名前が書けなかった彼女の妹のミリアムの話に。

「ミリアムも会いたがっていたけど、昼間は学校だから今日は会えなくて残念がっていたの。そろそろ家に帰って来てる頃だから、うちに遊びに来ない？」「会いたい！！」

そこでお家にお邪魔させてもらうことに。船にいるときに、自分の名前を書く特訓をしたミリアムは、週3日で学校に通っている様子。家の前まで来ると、ミリアムが出てきた。め〜〜っちゃジャンプしてお互いの再会を喜んだ。

ルーシーは、静かな住宅街の家具付きのアパートにミリアムや子どもたちと一緒に住んでいた。玄関のオートロックもあってセキュリティーもしっかりしている。

早速、母国の西アフリカ料理を振る舞ってくれた。ややスパイシーだけど美味しかった。それから、トランプゲームをしたり、ミリアムの宿題を手伝ったり。ミリアムは、名前はなんとか書けていたけれど、やっぱり字を読むのは難しいようだった。でも、こうして難民に必要な衣食住を与え、子どもは学校に、大人には必要な教育を。さらに、亡命申請できるなんて、日本に比べたら、やはりフランスは難民に対する対応が進んでいるなと思った。

それから、救助後の生活について訊いた。

マルタに救助されたあと10日ほどして、彼女たちを含めた50人がフランスへ受け入れられることが決まったらしい。必ずしも、フランス語を喋れる人が選ばれたわけではなく、色々な国籍の人たちがいて、最初にパリに着いたときは臨時の場所にいたけれど、比較的すぐに今のアパートに引っ越してきたと。月々一人百ユーロが与えられて主に食費として使っている。決して多くはないが十分やっていける金額ではある。

「申請が通って書類が届くのを待っているの。そしたら仕事が探せるしね。でも、その書類が届けばサポートはなくなって、ここから出て行かなきゃいけないし、働く先も見つけなきゃいけない」それは希望でもあり、不安でもあることを話してくれた。もちろん、自国で旦那の暴力に耐えて生活するよりはいい。さらに、リビアにいたときより、はるかに人間的な暮らしをしているけれど、シングルマザーで小さな子ども二人と高校生の妹を養わなきゃいけないのは大変だ。しかも、異国の地フランスで。

「私お料理が大好きなの！　あと、赤ちゃんも好き！　そういう仕事ができたらいいなと思ってる」

それでも、彼女の未来は希望に満ちていた。リスクを背負って海を渡り、彼女のようにヨーロッパでの安定した生活を手にできる人はほんの一握り。実際に救助されたあとの生活を知ることができて安堵したけれど、このとき、彼女の人生はまだ始まったばかりだった。

難民申請がおりた！

それからも「元気？」などと、他愛ない連絡は取り合っていた。そして、2021年春、「いいニュースがあるの！！」と連絡がきた。

「すべての書類が揃って、パリからバスで1時間くらいの場所に引っ越しました。9月からは仕事のための実習が始まるの」1年半経って、難民申請がおりた様子だった。さらに「病院で働くヘルパーになりたかったけど、学歴が足りなくてダメだった。補助員（清掃とか）になると思う。でも、仕事できるから嬉しい！」

2019年夏に救助されてから、働けるようになるまで2年。リビアにいた2年も入れたら4年。やっと自立して働ける権利を得た彼女。「長かったけど、良かったね」そして、私はこう伝えた。

「まずは、お金貯めて学校に行って、ナースアシスタントになればいい。そして、またお金貯めて学校行って、看護師になれたら、将来私たち同僚として働けるよ！」

「一緒に働きたい！！　絶対頑張る、いつもありがとう」

「夢を叶えるには時間は充分あるから。いつも応援してるね～」

このときは、彼女がその夢を叶えるかどうかはわからないし、そんなに簡単なことじゃないとわかって言っているのだろうかと、彼女の決意に対して、失礼ながらも私は半信半疑だった。

そして、２０２３年夏。オーシャンバイキングでの仕事を終えて向かったのは、またもパリ。ルーシーとの３年半ぶりの再々会を果たしに行った。待ち合わせ場所は、エッフェル塔近くの駅。芝生の上でランチでもしようということになり、私は４人分のマックを買って駅に向かった。エッフェル塔の近くには、いくつもの出口があって、「どこ、どこ？　え、どこにいる？」キョロキョロを繰り返すこと15分。

それっぽい人発見！　そして、感動の再会！！

救助されたとき1歳と３歳だった息子たちは5歳と7歳に！　エッフェル塔の麓で、マックを食べながら色々な思い出話をした。

当時３歳だったお兄ちゃんに「船に乗ってたこと覚えてる？」って聞いたら、「覚えてる！」と。まさに三つ子の魂百まで！　下の子は超やんちゃに成長。私の背中におんぶできるほどの大きさだった1歳児が、ポテト片手に鳩を追いかけ回し、母に怒られるまでに。20歳になった妹のミリアムは彼と同棲中。一緒に救助された友人のアデはシングルマザーになったらしい。若いアフリカ系移民の現実を見せつけられた。

みんなでマックを頬張りながら、当時の写真を見てたくさん喋った。当時は、彼女がまだ携帯を持っていなかったから、息子たちも小さかったねぇ～と、写真を見て懐かしそうにしていた。

彼女が、地に足をつけてフランスで生活していること。誇らしげにフランスでの身分証明書を見せてくれた姿。笑顔で子どもたちと過ごしている姿。「頭が沸騰しそうよ！」と言いながら勉学に勤しむ姿。一人の女性として自立して生きている姿は誇らしかった。

もちろん、彼女は幼い子どもを連れたシングルマザーという立場だから、パスポートなしでヨーロッパに来ても、それなりに手厚くサポートしてもらうことができた。それは幸運だったと思う。でも、それに甘えて堕落していく移民や難民もいる中で、彼女が甘えることなく、真面目に歩んできているのは確かだし、今後は働いて納税もしていくわけだし、二人の子どもだってフランスの教育を受けて、フランスで生活していくのだと思う。

彼女のケースは、海を渡ってヨーロッパに渡った人々の中でも、きっとほんの一握りの成功者の一例に過ぎない。救助されてヨーロッパの地に足をつけるのは通過地点でしかなく、ここから移民としての第二の人生が始まる。確かな統計はないが、現実として多くの救助された人々は自国に送還されるか、不法移民コミュニティの中で生き続けることが多い。私たちの仕事は、海で遭難している移民を助けて、それでおしまいというわけじゃないのはわかっている。救助船の是非は常に政治家の政策に良くも悪くも使われて、結果、移民対策には進歩がない。そのときの政治の状況が国民の感情を左右して、実際の対策までは細かく改善していないと思っていたところに、反面、着実に地に足をつけて生活している人もいるということを彼女が証明してくれた。

彼らと別れたあと、

「自立した女性として生きているあなたを見て嬉しかった。頑張ってる姿、尊敬します。看護師になったら一緒に働こう！　私はフランス語頑張るね。今日はありがとう！」とメッセージを送ったら、

「こちらこそ楽しい時間をありがとう。一緒に働こうって言ってくれてとっても嬉しい！　また会いに来てね！」と。また数年後、フランスで再会しようと決めた。

5章

戦地ウクライナに赴く

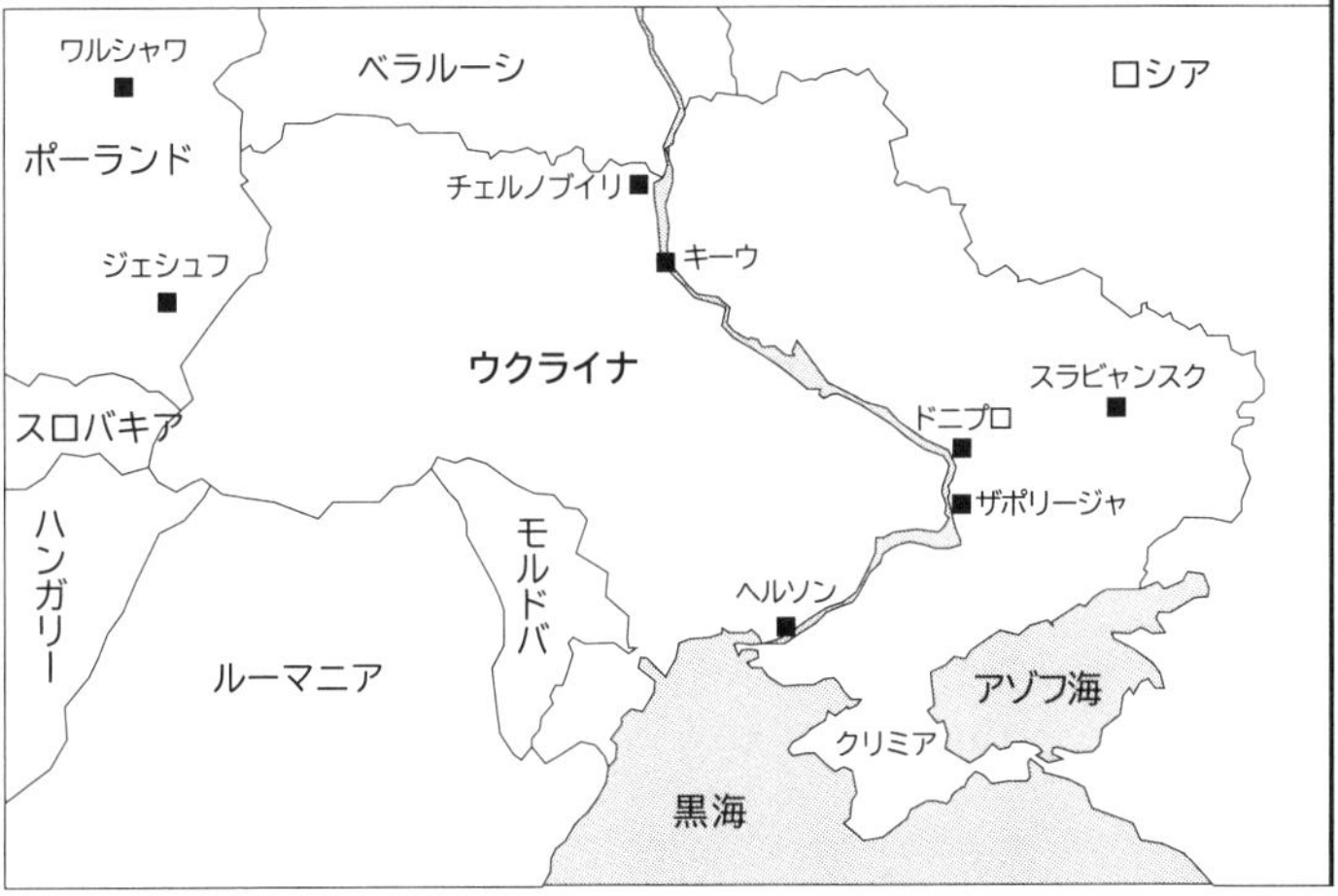

愛しの二の腕

　2022年12月、少し船の仕事を離れて3か月間、ウクライナのプロジェクトに参加した。侵攻が始まって1年弱が経ち、世間の注目も少し薄れていた頃だった。これまで何度も紛争地に行き、無事に帰国している実績があるにも関わらず、周りの人たちから「大丈夫なの？」と聞かれた。私は、みんなが何をそんなに心配しているのかわからない。爆撃の激しい前線に兵士として行くわけではないのに。

　当時、ウクライナはすべての空港が閉鎖されていた。そのため、まずはポーランドのウクライナ国境近くのジェシュフに向かった。ワルシャワの空港の乗り換えゲートで待っていると、隣にポーランド人らしき気さくな年配の男性が座ってきた。そして、本を読んでいる私にそのおじさんが一言、

「アメリカの軍人の方ですか？」

「へ？？？？？」

　そのときの私は、暑くてタンクトップ姿だった。私の二の腕はそんなに立派か……

「い、い、い、いいえ、違います……」と動揺を抑えてできるだけ冷静に答えつつも、

そーっとトレーナーを羽織った。

「今日から腕立て伏せだ！」と心でつぶやき読書に戻ると、おじさんが話しかけてきた。おじさんによれば、ジェシュフには、大きな米軍基地のベースがあるから米兵の出入りが多いという。確かに、私の前に座っている人も体格が良く、迷彩服を着ていて明らかに軍人という見た目だし、他にもアメリカンアクセントの英語が周囲から聞こえていた。

その後も、ゲートが開くまでおじさんと話した。ドイツ人の母と第二次世界大戦でイタリアから軍人として来ていた父との間に生まれたおじさんはポーランドで育ったらしい。柔道初段で日本人の富田さんに習っていたと。

「イタリアの食べ物は最高だよね！！　でも、仕事のときはドイツ人みたいに真面目に働くよ！」とか、「ポーランド人とウクライナ人は、実はそんなに仲良くないんだよ！」「あー、それは日本と韓国のいざこざみたいな、隣国あるあるみたいなもんだわ！」など色んな話をした。

ウクライナにNGO医療者として仕事に行くと言うと、「素晴らしい」と言ってくれ、困ったらウクライナ人の友だちがたくさんいるからいつでも相談してと名刺をくれた。

飛行機に乗ったら、今度は隣のご婦人が話しかけてきた。20年近くニューヨークに住んでいるとのことで英語も上手。日本について、「日本の学校は子どもたちが自分で掃除をするんでしょ、本当に素敵な風習よね」とか、「どうやってそんなにたくさんの漢字を覚えるの？　あなたたちは頭のいい人種なのね～」とか、その女性の小さい頃のポーランド共産主義時代の話までしてくれた。「やりたくもないロシア語の勉強をしたり、共産主義を守っているか常にスパイに監視されてたのよ！」など、着陸までおしゃべりは続いた。

ポーランドに来るのは2回目だけど、人々や雰囲気に「共産主義」の名残を感じた。人々にあまり表情がないし、苦手意識があったけれど、こうやって旅の途中での出会いが、印象をガラッと変えることもある。やはり旅は学びだ。しかしながら、私の二の腕は立派かもしれないが米兵ほどではない、とおじさんにはしっかり伝えたかった。

戦争を肌で感じる

無事、ジェシュフの空港に到着。その日は、ポーランドに1泊して、次の日の夕方、寝台列車で18時にポーランドを出発した。駅では、ウクライナに戻る人たちの列に一人並ぶ。当時、ウクライナから他国への国境を越えられるのは、女性、子ども、老人のみ。健康な男性は徴兵される可能性があるので国外には基本的には出られない。そのため並んでいるのは子連れの女性ばかりだった。すでにここで戦争を肌で感じる。

90年代のシベリア鉄道のような寝台列車は、信じられないほど揺れた。仕事の書類を読もうと思ったが、揺れでそれどころではなかったし、夜も途中で何度も目が覚めた。そして気がつくと外は雪景色。音楽を聞きながら、お菓子を食べて過ごしていたら、あっという間にドニプロに到着。生憎の雨の中、迎えにきてくれたドライバーと共に事務所に向かった。

列車を待つ人々。ほとんどが子連れの女性。©MSF

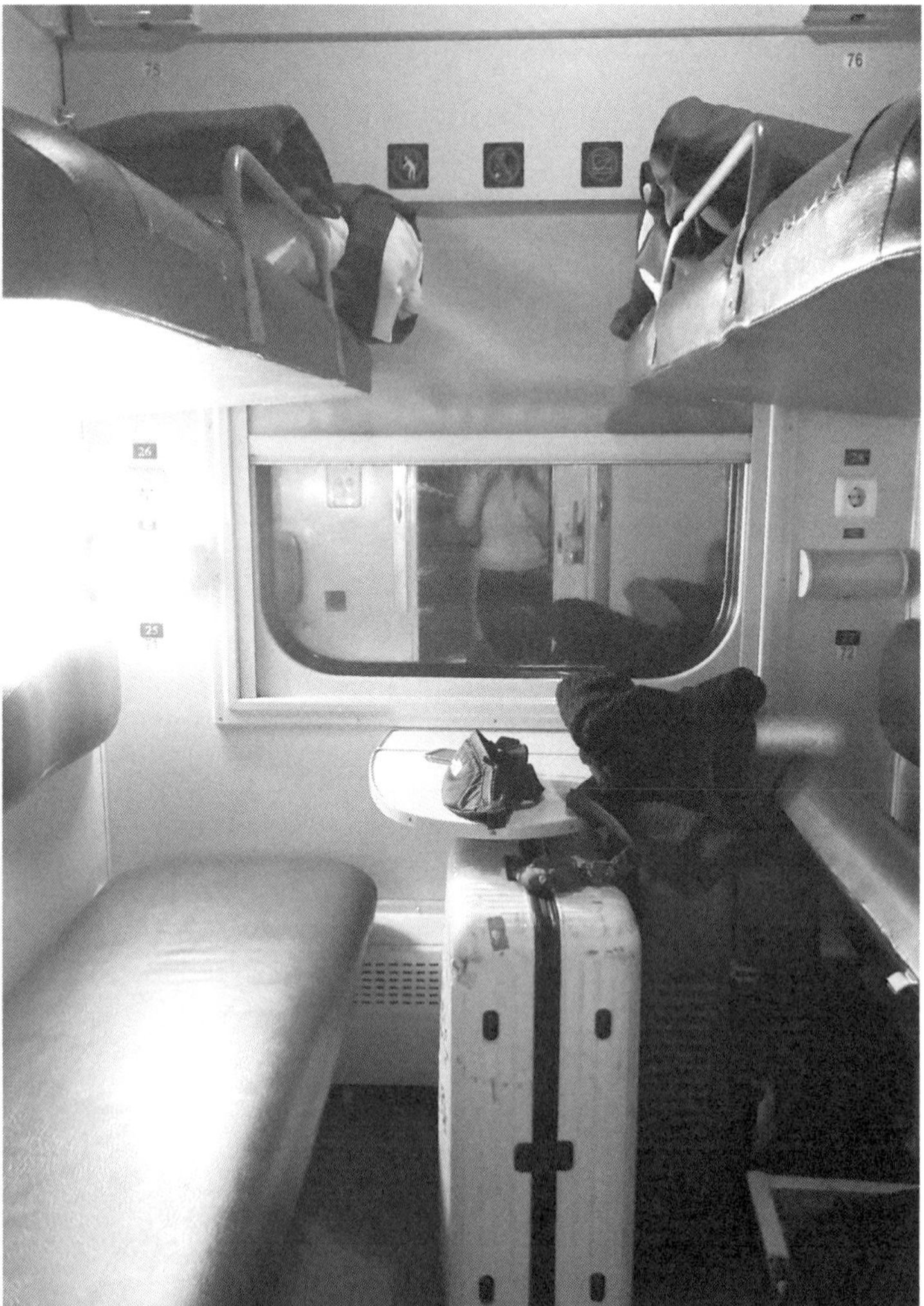

90年代のシベリア鉄道のようなウクライナ行きの寝台列車。16時間でドニプロに着く。©MSF

車から見る街の景色は、人々が普通に生活していて車が行き交い、スーパーや洒落たレストランもある。戦争をしているなんて思えなかった。ドライバーと話していると、彼は、侵攻前は船でチーフメイトとして働いていたと教えてくれた。チーフメイトのポジションというとキャプテンの補佐であり、船の中では地位も高いし、給料だってかなり良い。ドライバーよりももっと良い仕事ができるはずなのに、生きていくためには今はこの仕事しかないと言う。やはり、ここでも戦争を感じる。ウクライナにいる間、多くの船乗りに事務所内で出会った。隣国に避難して船乗りを続ける人もいるが、同時に男性であれば自分たちの国を守るために、こっちは戦っているのに逃げるのか！　という目で見られることもあるらしい。もし、日本が戦争になったら「戦争に勝ち負けはない」などというきれい事は覆され、同じ状況になったりするのだろうか？

身近な戦争ビジネス

隔週でドニプロを離れて、前線から10～15キロ離れた車で4時間ほどのスラビャンスクという場所にやって来た。ここでは、移動診療や民間の救急車サービスをやっているのでその経過を見たり、新しい場所の開拓のために来ていた。

破壊されたスラビャンスク近郊の街。（2022年12月）©MSF

前線近くの小さい村は、若い男性は軍へ、子どもと母親は隣国か国内の大きな町に避難しているので、もはや、一つの町の人口は百人程度。その多くは高齢者だった。月に何回か薬を積んだ車や中で診察できるトラックでやって来て診療したり、救急車を出したりしていた。

日中はランドクルーザーに乗って空爆された街をガタガタと進み、丸焦げになった建物や破壊された景色を見ながら村々を訪れる。完全に破壊されている建物、その破片が飛んで、周辺の建物は壁がえぐられたりもしていた。これがテレビで見た風景かと見回していると、現地スタッフが「お土産に持って帰る？」と小さい金属の破片を笑顔で見せてきた。ミサイルの破片らしい。見た目はただの小さな金属の破片だが、手のひらに乗せると色々な意味で重さを感じた。

ザポリージャやヘルソンなど、テレビのニュースで聞くような場所の近くにも行った。人々の住んでいる場所は丸焦げで、家が真っ黒で潰されていたり、壁にも銃弾の跡があったり道もガタガタで、燃えて真っ黒になった車や畑にミサイルが落ちてできた巨大な穴があったり。まさに「破壊された街」という感じ。

水、ガス、電気が不安定な場所もあった。たとえインフラが復活しても、こんなに自分の地域が壊滅的にやられている光景を見たら精神的なダメージを感じない人はいないだろう。

でも、現地の人と喋ると「私たちは勝つ」とか、「私たちのミリタリーはどんどん力をつけて強くなってきている」とか、「攻撃はしないけど、国を守る必要がある」とか、「ゼレンスキーは、戦争になっても亡命せず、私たちを見捨てなかった」などゼレンスキーの支持率は高い。生の声は色々と考えさせられる。ゼレンスキーがテレビで国民に向けて演説をすると、みんなテレビにかじりついて聞き、涙を流す人さえもいる。もし、日本が戦争になったら、もっと政治に興味を持つ国民は増えるだろう。

私は子どもの頃「戦争に勝ち負けはない」と習ったと思う。そもそも戦争を経験したことがないので、言われる通りに思うしかなかった。ほかの国では、どう習っているかは知らない。敗戦国として、二度と戦争をしないために覚えておくべき言葉ではあるかもしれないが、その言葉が正しいか否かはわからない。

もしも、どこかの国が侵攻してきて、自衛隊が相手のミサイルを迎撃しているのを見たら、本当にそんなことを言っていられるだろうかとか考えた。何しろロシア、北朝鮮、中国という世界的にお騒がせしている国が隣にあるのだから、そんな日が来ないという保証もないと思う。何ごとも当事者にならないとわからないが、少なくとも、戦争をしている国では、勝つか負けるかの二択であることは明白だった。

戦争は起きるべきではないが、現実には世界的に武器や戦車の輸出は儲かるビジネスだからなくならない。ウクライナとポーランドの国境近くの高速道路では、数えられないほどのトラックがウクライナ方面に向かって行った。運転手が「このトラックの中、全部、武器なんだよ」と教えてくれた。

当時は、メディアで盛んにウクライナに武器を提供するか否かの報道がされていたときだった。私は、人生初の防弾チョッキを貸し出された。試しに着てみた防弾チョッキの感想は「え！　こんなに重いの？」それに加えて、自衛隊の人が被っているような重くてムチウチになりそうな頑丈なヘルメットも。しゃがんだら、あまりに重すぎて尻もちからの後ろに転倒。ひっくり返った亀状態になってしまった。起きようと思っても重くて寝返りさえ打てず、もしものときは、絶対助からないと思った。幸い、これを着ることは最後までなかったが。武器を作る人にも防弾チョッキやヘルメットを作る人にも生活がある。戦争ビジネスは身近にあると感じた。

空襲警報はアプリ

滞在中はスマホのアプリで空襲警報をチェックする。地図上で警報が鳴っていると赤、警戒中はオレンジ。窓の外を見ると人々が道を歩いているのに、毎時間のようにアラームが鳴る。あまりに頻繁なので、オフにして外出前に確認して出かけるようにしていた。多くの現地の人は、友だちや家族の中に軍で働いている人がいるから、本当に危ない警報とそうではないものとを区別しているらしい。アプリの本来の意味とは!?

ここドニプロにはバレエの劇場があった。私は、クラシックバレエを観るのが好きで、たった5百円程度で鑑賞できるので毎週のように観に行っていたが、演劇中も警報が鳴ると舞台は一時中断、みんな地下に避難する。ソ連時代の影響から、ほとんどの建物には地下室がありシェルターとして使われていた。

年が明けた、ある晩。ホテルの部屋で寝る準備をしていると、どーーーーーん!と大きな音がした。続けてどーーーーん、どーーーーん!

部屋の窓が揺れている。私の部屋をノックした同僚から地下に行くように言われた。

現地スタッフの情報によれば、ここから5キロほどの団地にロシアのミサイルが落ち

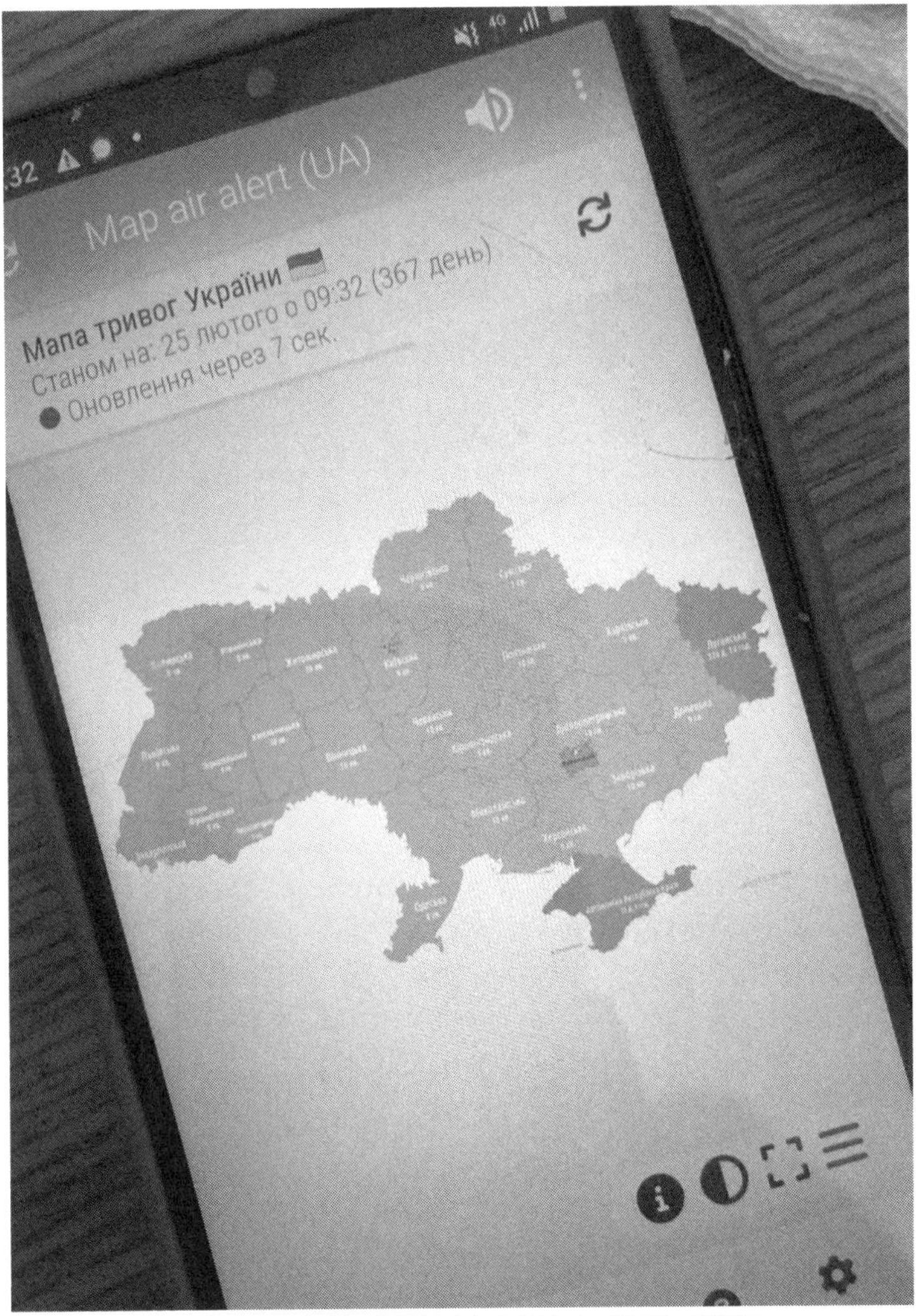

スマホの空襲警報アプリを見れば、どこが危険かわかるようになっている。©MSF

たと、すぐに情報が入った。結果的に死者72名、行方不明者多数。私たちは、ホテルの地下で2時間ほど待機。各自部屋に解散となったのが午前1時だった。

翌朝もまだ警報は解除されておらず、地図は真っ赤なままで、その日の外出予定はキャンセル。そんな警報中でもお腹は空くから困ったときのデリバリー。いつものビビンバを注文。なんとこんなときでも小遣い稼ぎをする若者はいて、すぐに届いた。やはり、生きていくためには働かなくてはいけない。ガラガラだったホテルは、ジャーナリストで一気に埋まった。戦争による副産物として特にホテル産業はバブルが起きていた。

そして、また数日後に同じように大きな音

一日に何度も停電になる。懐中電灯は必須。©MSF

が聞こえた。確実にミサイルか爆発か何かのはず。地下へ避難する。このとき政府からは一切の情報がなかった。ロシアのミサイルが落ちたときはあんなにすぐに情報が拡散されて、世界的にニュースにもなったのに、今回は情報ゼロ。もしかしたら、ウクライナ軍が何かに失敗したのかもしれないけれど真相はわからない。戦争とは情報戦だったりする。だから、都合の悪いことを言わない場合だってあり得る。結局、どこで何が起きたのかわからないままだ。

観光としての人道支援はアカン！

私がいたのは12月～3月の冬の時期。冬場の戦争は、夏ほどアクティブじゃない。その理由は、日照時間が短く、夜もナイトビジョン（暗視装置）をつけて戦闘はするが、日中ほど視界が良くないからだ。また、雪が降ると戦車が通れなくなる。マイナス10度くらいまでになれば、地面が凍るから通れるが、そもそも寒い中での戦闘は心身共にハード。なので、ここ数か月は前線も押して引いての範囲が小さかったけれど、これから春から夏に向けて準備をするらしい。今は患者数が落ちついていて、稼働率50パーセントくらいだが、急に150～200パーセントになることもあると聞いた。

日本の外務省は、いかなる理由があってもウクライナへは渡航しないように、またウクライナにいる人には退避勧告を出していた。しかし、首都キーウは特に、国連や海外からのNGOはもちろん、ジャーナリスト、武器の使い方を教える専門集団など、軍の関係者も世界各国からたくさん来ていた。

実際には、国連が来ても、彼らはいつも「話し合い」ばかり。リモート会議に何度か参加したが、白々しい上辺だけの言葉が並び、数回参加してやめた。彼らは、現場に行かない政治家みたいなものだ。

NGOもかなりの数が来ていた。私もその一人だったが、そんなに支援が必要か？と思わずにはいられなかった。当時は、世界で一番注目の集まる国だから、寄付集めの宣伝のためにどのNGOもこぞって来ていた。必要なのは、戦禍で失われたもののニーズを満たすことなのに、そのニーズもよく把握しないまま、とにかく現場に来て報道すれば、センセーショナルに自分たちの現地にいる姿を飾ることができる。

2014年のロシアによるクリミア侵攻のとき、「何をして欲しいですか？」と要望を聞いたまま姿を消すNGOが多かったので、それ以降、政府はNGOに対する不信感が強くなったとも聞いた。困っていそうだと勝手に来て要望だけ聞いて「あーそうですか」で、結局何もしないというのは、人道支援系あるあるで、Humanitarian Tourism（人道支援的観光）とも言われている。自己満足なだけの支援は害でしかなく、本当に一番やってはダメなこと。悲劇的で可哀想な人々の絵を撮り、寄付者の同情を集め、さも現地で何かやっているかのように振る舞うのは一番タチが悪い。

私は、戦争で急増する性暴力被害者のサポートとしてやって来たが、仕事は忙しくなかった。このプロジェクトに助産師が急を要して必要とされていないのは明らかだった。「そこにいることに意味がある」というだけで派遣され、毎日、仕事を探すのに疲れ、何のために来たのだろうかと少々葛藤したが、結局は、ＮＧＯレベルでできるようなことは、支援が足りているのだと解釈した。私は、自分のすべきことをして、この歴史的瞬間にウクライナにいることを何か自分の人生に持って帰れるようにアンテナを立てて過ごすだけだと割り切った。

日本を含め、世界の報道を見ていたが、メディアの報道には、自分たちの都合がいいように切り取ったり、裏に何か意図があったりする。どこからどの情報を得てどう飲み込むかは自分の教養次第だと思う。日本の大地震でもそうだが、これまで何不自由なく暮らしていた人たちは、電気がない、水が出ないと、困った！　となる。メディアも大袈裟にセンセーショナルに伝える。そして、みんなそれを鵜呑みにする。でも、いまだに貧困国では水道の蛇口なんて家にないし、水は外に汲みに行くもの、シャワーもジャンジャン浴びられない、それが日常。そういう国の実情はもはや報道されない。ウクライナでも、ミサイルによる破壊でインフラが不便だったり、家が燃えて何もかも失った人がいるのは事実だ。でも、元々のインフラがいいから、失ったものは返ってこないとしても、生活できるだけの補充や支援は早い。私が行った人口50〜百人くらいの集落でも、人々はちゃんと防寒着を着て家に住んでいた。支援先には薬や医療機器はいっぱい寄付が来すぎていて、スペースがないから要らないと言われた。修道院には、寄付された山のような洋服が外に放置されていた。物はある。無いのは、これまでの平穏な生活と庶民の仕事だった。

明日、何があるかわからない

街中を歩くと、お土産屋さんにしょっちゅう声をかけられる。ちょっとでも目が合うと、まぁまぁな押し売りをされる。「まだキーウにいるから、また来ます」なんて適当なことを言って逃げようとすると、

首都キーウの街並み。戦争中でも日常生活はある。（2023年1月）©MSF

「今は戦争をしているから、明日、何があるのかわからないよ、Tomorrow is べリべリ far away in Ukraine」

とか言っちゃって、うまいこと戦争を盛り込んで買わせようとする。

仕方がないから、ちょっとしたお土産を買った。その後、戦禍で亡くなった人々を追悼する平和公園を歩いていたら、無理やりミサンガを売りつけられそうになったり、「鳩に触って写真撮りませんか？」詐欺がしつこかったり、「中国共産党反対！」の署名を要求されたり、「○○に寄付してください！」とすごい圧で追いかけてきたり……、どこの国も似たような観光客相手の商売が存在するなと思った。

初めて見たウクライナの教会は、ケーキでできたパステル調のお城のようで、なかなか見応えがあった。ついでに中も見ていこうと気軽に入ったら人、人、人。そうだった！　今日は日曜礼拝の日だった。

後ろから来る人に押されて、どんどん自分の意志とは逆に中に入らざるを得なくなり、周りはみんな讃美歌的な音楽を聞きながら手で十字を切っている。みんなやっているから自分も思わずやってみたけれど、十字を切ったあと、最後思わず両手を合わせて合掌してしまった。やば！　寺や神社のクセが出て宗教を乗り越えてしまった（汗）。

余計なことするもんじゃないと、そっと外に出た。

教会を出ると、外務省の前には戦争にまつわる展示があった。焼け焦げた戦車や車、亡くなった人の写真、砲撃後の街の様子や遺体の写真も。こうしたものを公共の場に堂々と展示するなんて日本じゃあり得ない。小さい子どもも、遺体の写真をまじまじと見ていた。これこそ「戦争教育」だなと思う反面、これもある意味プロパガンダというかなんというか……。

ロシアに対して、全世界がネガティブな発言をするメディアを聞きながら育ち、街には軍服の人がそこらじゅうを歩いている。おもちゃ屋には銃のおもちゃも並ぶ。これが子どもの教育に良いのか悪いのか、仕方がないことなのか、私にはわからない。

小学校の頃、「戦争は宗教の違いでぶつかり合う」と習った記憶があるけれど、ロシアもウクライナもキリスト教という同じ宗教だ。だから、宗教の違いなんて全然関係ない。あと、「戦争に勝ち負けはない」という言葉もよく覚えている。

でも実際に、戦争している国に行ったら、そんな「勝ち負けはない」なんてのはただのお花畑的思想で、何かを得るために戦うのだから勝ち負けはあるはずだ。勝ち負けの定義はそれぞれだが、攻めてきたら守らないといけないから、結局は武器を買ってエスカレート。すると、武器屋は儲かる。武器の世界市場はかなり大きいのだ。日本でも、毎年、武器見本市が開催されるが、その展示は、これらが使われる現場の泥や血や土埃や叫び声からはとても遠く、お金の匂いしかしない。

戦国時代より、現代の戦争がインターネットとテクノロジーでなかなか複雑になったのには理由がある。スパイ、情報戦、タイミング、プロパガンダ、政治、経済、民間人への影響、思想、国力……。

今回の戦争は「スマホ時代」に起きた戦争なのだということも改めて感じた。現場のリアルな映像が瞬時に地球の裏側にまで伝わる。そして残念ながら、それを逆手に取る偽情報も。SNSがいかに戦場を伝える「現場」になってきたのか。その行為は消費か加担か、あるいは共感か。画面から問いかけられている。

メディアから見る戦争のイメージが与える影響は大きい。テレビやニュースは恐ろしさばかりが目に入り、背後にある構造的な原因は見えてこない。「戦争＝危険」で世間一般の思考は止まりがちだと思う。しかし、私が実際に見たウクライナには、戦禍でもそこに暮らす人々の生活があり、報道とは違う一面だった。そして、戦争のない国に生まれた自分は幸運だと感じたのも、一人の人間としてまた正直な気持ちだった。

6章

産科から垣間見るカメルーン

ハレルヤ！　聖歌のクオリティ

２０１８年、やっと救助船に戻れる予定だったのに、船が政治的理由で凍結。その代わりに行くことになったのがカメルーンだった。

カメルーンは、中部アフリカに位置する共和国である。第一次世界大戦後、イギリスとフランスの植民地となった経緯があり、現在でも80パーセントがフランス語圏で20パーセントが英語圏。しかし、公用語はフランス語なので、政治的にいつもフランス語圏ばっかり優遇されていると英語圏の人たちは不満を感じていた。それが原因で英語圏VSフランス語圏という対立が国内で起き、英語圏の独立紛争にまで発展しているという状況だった。植民地時代にヨーロッパの都合で引かれたであろう国境。１９６０年代にはたくさんのアフリカの国々が独立した。しかし、60年以上経った今も、こうして市民の生活に影響している。

私がカメルーンに着いた時点で、内紛による死者は4百人と聞いた。いや、冗談でしょ、もっといるよ。ということは素人の私でも現地スタッフと数日関わっただけでわかった。争いが起これば、それに伴って窃盗、誘拐、殺人が起きる。それを恐れた市民が国内避難民となり、林の中で隠れるように暮らしていた。蚊に刺されてマラリアにかかり病院に行けずに重症になったり、透析の必要な人が病院にアクセスできず具合が悪くなったり。この先、林の中の生活が長引けば、栄養失調やコレラなどのリスクもある。その中で、性暴力も起きているだろうということで私は派遣された。

日本にいると、世界のニュースは本当に遠い。ここに来なければ、ずーっと知らずにいたと思う。公式にはたった4百人しか亡くなっていないし、国際ニュースとしてはセンセーショナルに欠ける。だから、大衆が見るメディアのニュースには載ってこない。もし日本国内で4百人が亡くなっているとなったら、それこそ一大ニュースだ。いつも思うのは国籍によって命の価値が違いすぎるということ。名もなき市民や犠牲者には保証もない。あるのは生活の厳しさだけ。亡くなった人が、また生まれてきたいと思う国を作るのは政治であるはずだが、生まれる国は選べない運命という国ガチャなのか。

このプロジェクトでは、救急車の提供や主要病院を支援することから始まっていた。私は私で、自分に何ができるかを模索していたが、ひとまず病院を見学することにした。実は、この現地の病院を見学することに、私はいつも心理的に抵抗がある。自分は得たい情報を得られるし、相手が何を望んでいるかも聞くことができる。しかし、予算の関係で、相手が望む支援が必ずできるわけではない。聞くだけ聞いて「やっぱりそれはできません」というのは何か勝手な気がするし、できないなら最初から聞かないで欲しいと自分なら思うかもしれない。だからといって行かなければ何もわからない。大体は「何かをくれ」と要求してくる。それは、お金だったり、衣料品だったり、スタッフをもっと雇いたいなど様々だ。私が嫌なのは、圧倒的にもらって当たり前という現地の人々の態度。白人を見れば「何かをくれる人」というメンタリティーが備わっている。長年の植民地支配と中途半端な援助のせいで自立心を失ってしまったのだろう。貧しい人たちは外国人を見れば常に何かをくれると期待する。それに、大手海外ＮＧＯは数年で引き上げるところが多く、支援される側も手馴れていて「外国人は一時的に自己満足させておいて、自分たちが利を得れば良い」と考えている節がある。彼らにしてみればそうやって生き延びてきたのだから当たり前のことなのだろう。もちろん支援する立場にいる側は必要なものは提供するべきであるが、私の肌感覚では、彼らは一時的な支援では満足せず、味を占めてもっともっと、となることが多い気がする。バランスが難しいなと思う。

さて、病院訪問。院内にはそこらじゅうにキリストやマリアの写真が飾ってある。キリスト系の病院ということは明らかだった。この日はちょうど乳児ワクチンの日で、赤ちゃんを抱っこしたお母さんたちで待合室は満杯。せっせと注射器を用意するスタッフと学生らしき人。事情を説明して私もワクチン準備に参加した。

しばらくすると、師長さんが「神様がどうの……」というお話を始めた。時々、お母さんをあてて聖書の一文を言わせたり、手を挙げて発言する人もいた。「いつ何どきも神は私たちを助け合いの精神で」みたいなことを言って、全員で最後に「アーメン！」と合唱する。かなりの気迫だった。だが、なかなかワクチン接種が始まらない。もう準備はできている。

すると突如、助産師の指ぱっちんのリズム取りで始まる聖歌の斉唱。毎週教会に行っているだけあって、この聖歌のクオリティが本当にすごかった！　助産師がソロでハモったりして、もはや、リアル『天使にラブ・ソングを…』のゴスペル状態！　ハレルヤ！　今日たまたま集まった80人近くの女性たち、練習なしでこのクオリティはすごい！　と感動してしまった。

しかも、歌詞がめちゃくちゃ面白くて「私は母乳で育て～ま～す～、そしたら、健康に育ちぃ～ま～す～」とか「陣痛室に行きます～、元気なベイビー産みぃ～ますぅ～」

など。歌詞がダサすぎる（笑）。

そしてまた、聖書の一文を読んだり、アーメンの合唱があったりして、すでに30分は経っている。ついに最後は拍手喝采で全員着席。さて、ここからが問題。いざ、ワクチンを始めようとスタッフが番号札を配ろうとした瞬間、喧嘩勃発！

「私が先！」

「いや私が先よ！！！」

まだ満足に首も座らない赤子を背負いながら、10人以上が番号札を取り合って喧嘩。神にご加護を祈り、支え合い分かち合うと誓い、素晴らしい歌を披露した1分後のことである。「神とはなんぞや」と唖然とした（笑）。すったもんだの順番決めのあと、ワクチン接種が始まった。

少し前から、遠くで聞こえる「ぬお〜〜〜〜」という陣痛中であろう産婦の声に気づいてはいた。しばらくすると、学生が私のところにやって来て「助産師に来て欲しいと言っています」とのことだったので陣痛室に向かった。

すると、まんまるに太った赤ちゃんが産道につかえて首が締まっていた。巨大児に起こる合併症の「肩甲難産」だ。学生が上からお腹を押している。医学的にいうと、それは一番やってはいけないパターン。肩がつっかえているから、どんなにお腹を押しても出るわけはない。助産師も焦っていて、お母さんはすでに意識もうろう。こういうときは、恥骨を上からガッと垂直に押す！！！

びくともしない。赤ちゃんの顔はすでに酸欠で赤黒い。いつしか、お母さんの叫び声もなんとかうめき声を出しているほどに。このとき、私の頭の中では様々なことが巡っていた。

「あー、これヤバい。死んじゃうかも。でも、脳性麻痺になるならいっそ諦めたほうがいいのか、福祉のないこの国では。新生児集中治療室（NICU：Neonatal Intensive Care Unit）もなければ小児科医もいない。でも、生命力を信じてできる限りのことをするべきか、いや、諦めたとしても、子は出さなくてはいけない」

そう考えながらも、とにかく時間がない。もうろうとしている百キロを超えているであろう産婦を5人がかりで、狭い分娩台でひっくり返し四つん這いにさせた。すると、スル〜……流れるようにして、優に4キロは超えているであろう、ぐったりとした赤ちゃんが出てきた。汗だくの学生は拍手している。いやいや、そんな場合ではない。

事態はここから。急いで赤ちゃんの臍《へそ》の緒を切って蘇生台に移す。その辺にあった布で背中を擦って刺激するも全然泣かない……。きれいなのか汚いのかわからないアンビュー（肺に空気を送るための道具）は新生児には大きすぎるマスクでサイズが全然合っておらず、思うように空気が送れない。でも、一刻を争うから今探している場合ではない。片耳しか機能してない聴診器。遅い心拍。とりあえず、10分は蘇生して、この子の生きる力があるなら吹き返すだろう。蘇生を続ける、続ける、続ける……。

「オウェ〜〜」

赤ちゃんは少し目を開けたが、ぐったりしている。心拍は動いているけど呼吸状況は微妙。学生がガチャガチャして、やっと酸素マスクから酸素が流れているっぽい音。これも、きれいなのか汚いのかわかんない酸素マスクで酸素を送る。

すると、すごく今さらながらドクターがやって来た。この施設の清潔状況では、もはやドクターのレベルもイマイチかもしれないという疑問を抱きながらも、これが、ここで生まれた赤ちゃんの運命。生きるも生きないも、この施設のレベルでは、もう生命力次第と割り切るしかない。赤ちゃんは別室に連れて行かれた。

そして床にポタポタ滴る血液。分娩台の上で滝のように出血している母親。産後の出

カメルーンの病院の分娩室。©MSF

血は命を失う恐れもあり一刻を争う事態。必死に子宮をマッサージする助産師。母親はあくびをして意識が遠のきそう。血圧が下がっているのが明らかだった。違う学生が2メートルくらい向こうで見ている。私は手招きをして、

「こっちこっち、ここに立っててお母さんに話しかけてて。あっちの世界に行かないように、オッケー？？」

出血を止める薬はすぐそこにあった。でも、それを投与する点滴のセットや針がない。アフリカの多くの病院は、必要なものを自分で院内の薬局に買いに行くという、本当にイケてない非効率な制度がある。とりあえず、外にいる義母らしき人にメモを渡して買いに行ってもらった。その間にお股を縫っている助産師と目が合った。「なんか、めまいがする」と言い出したが、ここで「大丈夫？ やってあげようか？」とは私は言わない。そもそも、私はこの病院のスタッフではないし、ここはあんたが頑張らないでどうする。「大丈夫、あと少しだから！」と励ます。薬を待つ時間が異様に長く感じる。やっと義母が戻ってきて点滴を繋いだ。とりあえず母子共に一件落着した。体感では2分くらいだけど、20分くらいの出来事。本当に神はいるのかと問いたくなる。

こうして、日々、刻一刻を争う出産があるカメルーンの病院。生まれた瞬間からサバ

イバル、生命力に委ねられている人生の始まりに立ち会うたびに、この人間として超越したたくましさに尊敬の念を抱く。そして、そうならざるを得ない国に生まれた運命が残酷なのか、それとも、ぬるま湯のような日本という国で育った私のほうが不幸なのか、と考えてしまう。

普通分娩か帝王切開か

サポートしている病院はキリスト教系の病院だが「神はどこにいる?」というくらい、人は金の亡者であるという瞬間に出くわす。

ある日、病院内をぶらぶらしていると、男の人が「妻が日曜日から入院しているけど、まだ生まれない。助けて欲しい」と話しかけてきた。

病院でＮＧＯのジャケットを着ていると、唐突に「助けて、私、困っています」と言いながら、結局は、タバコを吸うお金が欲しいだけみたいな人が寄ってきて、こちらが困る。でも、直感的にこの人は本当に困っていそうな気がして、入院している妻を見に行った。

39歳、７人目のお産、破水して二日。陣痛はなく、抗生剤の投与だけされていた。

「旦那が心配してるけど、あの産婦さん、今日の方針どうするの？」と聞いたら、「先生が来て、評価するのを待ってる」と言う看護師。

そして、しばらくするとドクターが来て、「帝王切開するから！」と笑顔で言って去っていった。

「は？？？　なんで？」となる私。

旦那は、過去に６人普通分娩で生まれているのに、なぜ帝王切開なのかと聞いてきた。お金の問題もあるのだろう。

私の働くＮＧＯは国内の避難民に対しては、この病院で治療を受けたら全額医療費を出している。でも、彼らは私たちの対象の避難民ではないから、全額自分で払わないといけない。帝王切開４日間の入院で１万円弱だが、夫にとっては大金だ。

ここで始まるのが、助産師VS医師、普通分娩か帝王切開か。この戦いは本当にエネルギーを使うからできるだけ避けたい。しかしどの国に行っても、この戦いは絶対に避けられない。本当に必要な帝王切開はすべき、でも、お金目的の帝王切開はするべきではない。これは、徹底的に戦わなければならない。

結局のところ、医師は帝王切開すると、チップのほかにある程度のパーセンテージが自分のところに入る。だから、NGOがお金を払うなら気軽に帝王切開をする。患者にはタダでできるよ！　といい顔ができて、自分にはお金が入る。願ったり叶ったりだ。もちろん、医師にも生活があり、仕事の報酬はもらうべきである。しかしながら、キリスト教の奉仕の精神はどこへ。神様のご加護って、結局はお金なのか。

とにかく、ドクターのところに行って、なぜ帝王切開なのか聞かねば。アフリカでは、医師は神よりも上で非常にプライドが高い。機嫌を損ねられても困る。こちらが大人になり丁寧に理由を聞くと「7人目で高齢だし、疲れてるから」とのことだった。「は？　なんだその理由」ありがちだなと思いつつ「薬で誘発してみたら？」と言うと、しぶい顔をしつつもあっさり承諾してくれた。でも「3時間で進まなければ、帝王切開だ」と言う。ここで「なぜ3時間？」と思ったけど、議論しても仕方がないので「理解してくれてありがとう」と笑顔でお礼を言い、カルテを持って産科に戻った。

旦那に事情を説明し、売店で買ったクッキーとジュースを産婦に渡して食べさせた。彼らが、ギリギリの生活をしているのは明らかだった。

病棟に戻ると、助産師が陣痛誘発剤の準備をしていた。薬を点滴に詰めると、お祈りをして陣痛の誘発が始まった。ここで私は、門限があり帰宅しなければならなかった。

7人目出産という経験値に希望を託すしかない。「絶対、帝王切開されませんように！アーメン！！」といつの間にか、私もキリスト教徒風に祈っていた。

帰り際、車に乗った私に十字を切る旦那の横には歩き始めたばかりの末娘。お金目的に、妻が腹を切られそうになっていると思っているかどうかはわからない。

次の日、病院に向かった。師長さんに挨拶して「昨日の人どうなった？」と聞くと、

ドキドキ、ドキドキ……

「さっき産まれたわよ～」

よっしゃーーーーー！！！！！

思わずガッツポーズとハイタッチ！「助産師ナメンナヨ」と我ながら思いましたわ。さすが7人目、一安心。こういうときは神様っているんだなと都合良く信じる。

帰宅してからシェフのおばちゃんに話すと、アフリカではお金目的の帝王切開が絶えないと言っていた。一般市民と医師の間には天と地ほどの格差がある。医師は絶対。それをいいように利用する医師もいる。今回は上手くいったが、助産師VS医師の戦いを途中で諦め、患者が帝王切開になったことは何度も経験している。知識や技術や経験値に加えて、それ以前に存在する「人としての倫理」の普遍性はとにかく難しい。

銃声で目覚める朝

この日は、前々から言われていた反政府派の「革命の日」だった。ここから12日間のロックダウンが始まる。朝から、宿舎の空気がソワソワしていた。前日には、一般車は走っておらず、走っているのはNGOの救急車2台と政府や軍の車のみ。

透析の人や陣痛の人、子どもの重症マラリアの搬送希望が多い。私たちの救急車2台だけでこのエリアの患者の搬送を担っていたが圧倒的に足りなかった。病院も、看護師二人で2百人くらいの患者を見ているらしい。受け入れの要請をすると「もう送ってこないで！」と強い口調で言われているのが電話口から聞こえる。家に帰れず、病院に野宿している人もたくさんいる。

カメルーンのこの地域では、今までNGOという存在がなかった。そのため、NGOが政府の人と勘違いされることが多かった。ある夜、救急車が検問で止められ、事情聴取を受けた。反政府側の患者を乗せていたので、数時間検問所で止められ、携帯を没収され、それが原因かは明確ではないが、患者は助からなかった。「なぜ、敵を助けるのか？」と聞かれたらしい。敵や味方ではなく、あくまでも医療の必要な人は基本的に誰でも助けるという概念は、紛争地では理解されない。

オンコールの電話は頻繁に鳴り、銃弾を受けた人からの救急搬送も増えていた。このエリアの周りが安全ではないという状況がわかった。

ロックダウンも終わりに近づいたある朝、「パンパンパンパン!!!」という銃声の音で目が覚めた。朝4時30分頃だった。部屋から出ないように一斉メールが来て待機。そーっと、窓の下から目だけ覗かせて外を見ると、鶏がコケコッコーと鳴き、犬がウロウロ歩いている、いつもの光景だった。

その後も、何度か銃声は続き、叫び声が遠くのほうから聞こえた。気づくとベッドでうとうとしたまま、8時の朝ご飯の時間になっていた。いつもの日常に戻って、朝ご飯を食べたが、さすがにしばらくは胸がザワザワした。

銃声の音が日常にあるリスクと共に生活している戦地の人。撃たれて死んでも何の保証もない。つい先月まで週1回会っていた現地スタッフもロックダウン中に亡くなったと、さっき聞いた。

こういうとき、命あることが幸運であると感じずにはいられない。日に日に増える患者数でノートが埋まっていくのを見て、根本的な原因を見つめ直さない限り、この場に医療を提供するだけでは焼け石に水だとも思う。現時点でも、いまだに問題は解決しておらず、罪なき被害者があとを絶たない。

日本のメディアでは大きく報道されないこのような悲劇は、日本から遠い多くの途上国で起こっている。「知ったとしても何もできることはない」と行動を起こさないのではなく、世界で何が起こっているのかに関心を持ち、目を向けることは、成熟した人間の倫理観として必要なことではないだろうか。

日本の変な産科界隈のこと

多くのアフリカ諸国では、胎盤と臍《へそ》の緒を自宅に持って帰って埋める。日本の不思議な習慣として「臍の緒の保管」がある。こんな乾燥したスルメみたいなもの保存して、どうするの？ と思っていたが、出産後にまるで神聖なものであるかのように桐の箱に入れて渡していたので敢えて聞かなかった。

しかしこの臍の緒の風習を調べると、「エンマ様に見せると子どもを産んだというだけで罪を軽くしてくれる」とか、「薬のない時代に、すり潰して薬にしていた」などの迷信があった。その風習を今もなお、何も疑わずにやり続ける日本人も変わっている。海外の人に話すと「なんでそんなの取っとくの？ 気持ち悪っ！」と一蹴される。言ってみればささくれとかかさぶたを取っておくようなもの。冷静に考えるとちょっとしたホラーだ。でも渡さなかったら、「もらえなかった！」と激怒した人がいた。臍の緒なんてなくても子は育つし怒ることじゃない。

生きにくかった病院時代を思い出す。

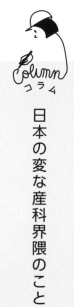

7章

ベナンの逞《たくま》しい人々と共に

アヤ

一人、突然ベナンの病院に飛び込んだのは2019年の年末だった。大手NGOの看板がないときの自分の実力がどれほどか試したかったし、現地の生の様子も見たかった。それでベナンでビジネスをしている日本人の知人を頼り、インターンとして病院で働くことになった。

西アフリカのベナンはアフリカ大陸でも安定した政治体制の共和国である。明らかな紛争はないが、学校に行けない子どもは首都にもたくさんいた。私が働いた病院にも物売りの女の子がいた。毎日来て、ニンニクやヨーグルトなどを売っていた。

「名前は？」

「アヤ」

「何歳？」

「知らない」

「兄弟は？」

「弟がいる」

「ここには毎日来てるの？」

「うん」

この時間に、ここにいるということはおそらく学校には行っていない。公立の学校は教師が生徒に暴力を振るうし、教育の質も決して良くない。決まった授業料はないけれど、親が払えるだけ払うという曖昧なシステム。親が学校に行った経験がなければ、行く必要性がわからない。だから、自分の子どもも学校に行かせないで、物売りさせて、生活費を稼ぐほうが良いという考えなのだろうか。しかし、教育を受けさせない親が悪いと裁く資格なんて私にはない。みんな生きるために必死なのだ。

あまり欲しくなかったけど、アヤが売っている「ニンニク」を2袋5百セーファーフラン（約百円）で買った。帰宅する頃には、私のリュックがニンニク臭くなったのは言うまでもない。

午後は暇だったのでアヤに字を教えてみた。そういえば、救助船で出会った若い女性たちの多くも学校に行ったことがなく、字が書けないし、自分の年齢さえ知らない人たちだった。女性の権利が低い現実だ。

お金をあげることも、可哀想だからと物を買うのも、彼らにとっては日銭にしかならないだろうと思いつつも、毎日のように彼女からニンニクを買う自分がいた。

夕方、産後病棟を覗くと、昨日、お産をした人がいた。なにやらシクシクと泣いている。事情を聞くと、

「今日は赤ちゃんのワクチンが終わっちゃったから、また違う日に来てって言われたの」

だから、なに？　泣くようなことじゃないじゃん！　と思うが、産後のホルモンという悪霊に取り憑かれてマタニティブルーになっているのだろう。

彼女の家から病院に来る交通費は往復で5百セーファーフラン（約百円）くらいらしい。さっきのニンニクのお釣りがポケットにあったからあげた。ワクチンで守れる子ども

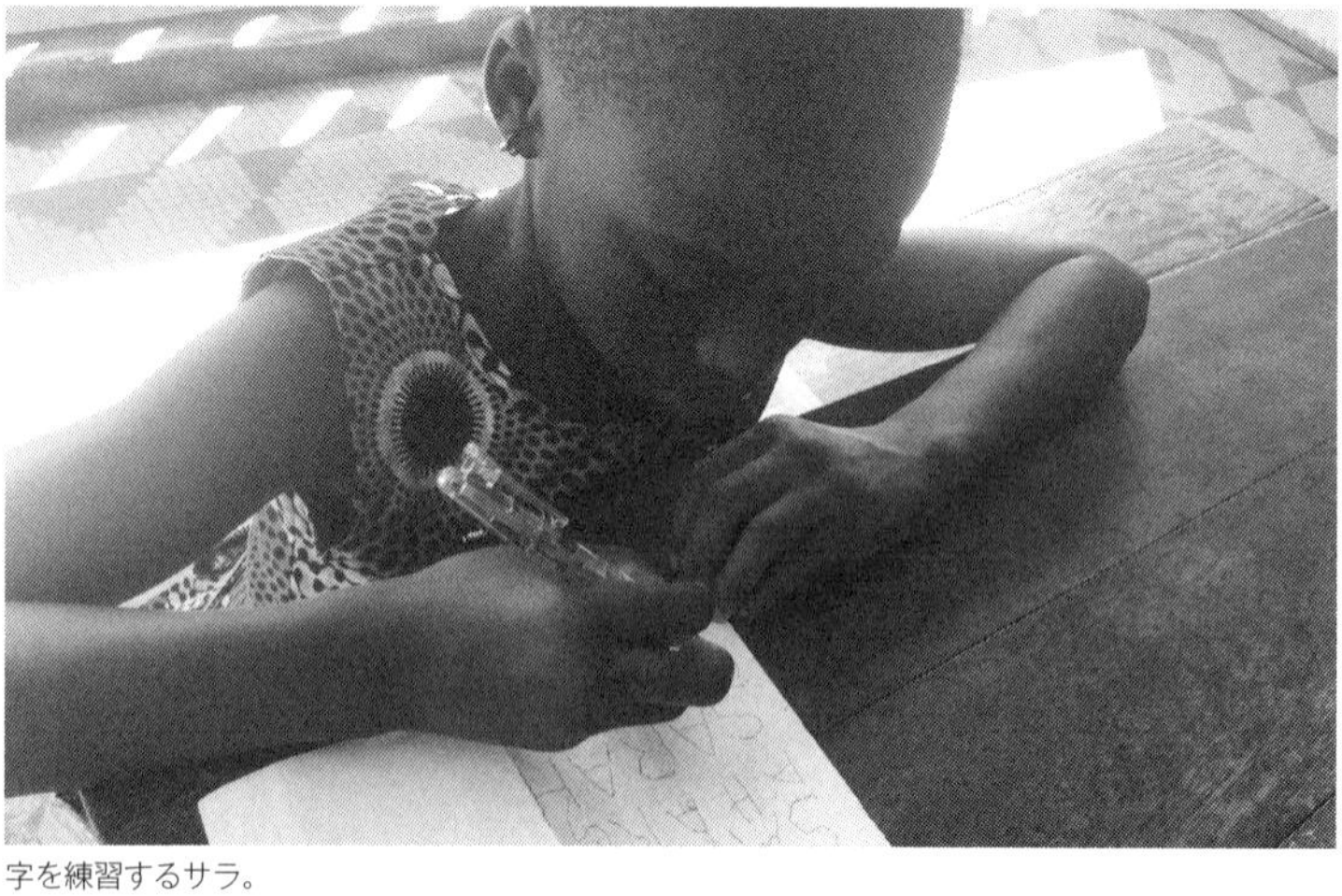
字を練習するサラ。

の健康は一生もの。交通費をケチって来ないよりはマシだ。その後、彼女がワクチンに来たかどうかは知らない。

お釣りない問題から見える、ヨボ（白人）の足元

お釣りない問題が深刻なアフリカ。ベナンも同様だ。朝は特に「お釣りを渡さなくてもいいように丁度の金額を出さないほうが悪い」という空気。

仕事後に千2百セーファーフランの買い物をしようとして、5千セーファーフラン出したら、お釣りがないと言う。立派なキャッシャーのある大きな店だ。

「絶対うそ」と確信した私は「じゃぁ、買わない」と、商品を戻して店を出た。すると、すぐに追いかけてきた。結局、お釣りは工面したらしく買うことができた。

「じゃぁ、最初からそうしろ」と思った。お釣りの3千8百セーファーフランは、日本円の約8百円くらい。ベナンのそこそこいい会社の日給くらいはある。あなた白人だったら、こんなの大したことないでしょっ、大目に見てよ的メンタリティー、私は許したくない。同じことをベナン人には絶対にしないのだから、こちらだって容赦しない。そう思うのは私の心が小さいからなのか。植民地時代を経て手を出せば外国から物がもら

えることができたアフリカ援助の背景は、先進国が作ったもので、それも十分理解してはいるのだけれど。

アフリカの宗教的、文化的背景では「持っている人は、持っていない人に恵むべき」という文化がある。だからといって、それをいいように解釈して、特に『商売』という土壌で「ズル」をしていいわけがない。物に対する対価は真っ当であるべき。

でも、こちらが大目に見てあげる、お金を返さなくても水に流してしまう、お釣りをごまかされても見なかったことにするのは、こちらがしっかり意思を持ってやらないといつまでも「あげる」「もらう」関係からは抜け出せない。

私は、学校に行けないアヤのためにノートを買ってあげた。必要なものを現物支給のほうがまだ現実味があると思って、そうしたけれど、これもまた私のエゴでアカンことだったのかなという迷いは常に消えない。

ベナンでの生活

ベナンでは、友人の紹介で、お医者さんの家に下宿させてもらった。ベナンとしては相当な豪邸。私の部屋は、多分この家の中で一番上等な部屋。窓はないけれど、専用のトイレ（水洗）とシャワー付きで、扇風機もあるし、困ることはなかった。でも、こんな豪邸だけど、キッチンは原始的で、冷蔵庫はないし、ガスもないから火を起こすところから始める。よくベナンの国民食「アグー」を作ってくれた。柔らかい餅のようなものでソースをつけて食べる。手づかみで食べるので手がベトベトになる。

朝4時には鶏の鳴き声で起きる。それに続いて5時にモ〜と牛が鳴き、続いてメェ〜とヤギが鳴く。ウトウトしながら本を読んで二度寝。7時には起きてバイクの後ろに乗って病院へ行く。

ここでは、どんな組織の肩書きもなく、助産師という資格だけで病院に入れてもらった。「私」という人を受け入れてもらわなければ、前に進めない。もちろん、みんなフレンドリーに接してくれた。でも、いつものように管理職でもなければ大した発言権もない。自分の居場所と物のありかを覚えるだけ。聞けばまともな答えが返ってくる人、ちゃんと働いている人、私をこき使って仕事をサボる人、色々見えた。

容赦ないベナンの助産師

お昼ご飯が終わったある日、陣痛中らしき産婦がバイクの荷台に乗って颯爽と病院に到着した。経産婦で子宮口8センチ、破水している。痛そうだし、すぐ生まれるだろうと思い横目で見ていた。

すると、助産師たちが大きい声で怒っている。どうやら、産婦はお金を持っていなくて、分娩セットが買えない。付き添い家族もおらず、妊婦健診にも来ていない！ と怒っているのだ。アフリカの病院あるあるで、基本的には付き添い家族が、必要な医療品を薬局にその都度買いに行くシステム。

「どうする、この人？」と私が助産師に問われた。その場のみんなが私を見て、目は「金払ってよ」という空気だった。お金に困っているのなら出してあげたい。千円もしない。でも、それは根本的な解決にはならない。それにこれから先、毎回お金をせびられるのも困るし、一度許したら次も次もとエスカレートしていくことはわかっている。

「こーゆー人は普段どうしてるの？」と私が聞いても、「プロブレム！！」としか言わない。

そんな攻防戦の中、サクッと元気な赤ちゃんが生まれた。病院についてわずか10分の出来事だった。

結局、お産のあと、最低限の薬はどこからともなく出てきた。安産なら臍を結ぶ紐さえあれば足りるお産。でも、助産師の書いた買うべき薬のリストには、抗生物質、点滴などいらないものばかり挙げられている。

こんな場面に出くわすことは予想していたけれど、本当に「困ったときの白人頼み」が蔓延している。私の働くＮＧＯでは病院での医療品は全て無料。貧しい人たちには良いシステムだ。でも、これはこれで、スタッフが盗んで市場で転売したり、無駄遣いが目立つのが常。しかし、ＮＧＯの援助がないローカルの病院では、お金のない人に対しての対策がないのも問題。

すぐに私を呼んで、ほら、困ってる人いるよ、どうすんの？　的なムードを出す。悲しみのショーウィンドウ方式。これでは、いつまで経っても彼らの足で立ち上がることはできない。悲しみのショーウィンドウは、もう卒業できる時代のはずなのに、それを邪魔しているのも私たち先進国だったりするのかもしれない。一方的に助けるのはときに人をダメにする。

日本の病院もそうだが、白人主導のＮＧＯでは暴力は許されないことである。ところが、アフリカではそうとは限らない。もちろん、患者中心のケアという価値観は当然あ

お母さんの診察中は、私がアフリカ風のおんぶで。

るのだが、白人の目があるときとないときとでは彼らの行動が違ってくるのは、先進国の価値の押し付けなのではないかとも思う。彼ら自身が本当に、ヨーロッパみたいな基準に自分たちを引き上げたいと思っているのか、それは先進国の先入観じゃないのか。「自由とデモクラシー」の下、文明化してやるというような奢りが、先進国側にないとは言えない。どちらにしても、暴力は良くないけれど。

現地に根づき、コツコツと活動している小～中規模なＮＧＯはたくさんある。私が心から尊敬する人の一人である、徳永瑞子さん。アフリカで自らのＮＧＯを30年以上運営してきた日本人助産師だ。彼女が言う「共に生きる」という言葉は重たい。現地の人と長く付き合えば、良い面も悪い面も表裏一体で、気に入ったところだけを愛するというわけにはいかない。美点や欠点を判断する基準が、自分たちの都合や好み、世間に見られたい形で作られていることは多い。何もかも捨ててアフリカに骨を埋める覚悟のある人は国際協力関連で働く人の中に何人いるだろうか……。私にその覚悟はまだない。

家に帰って、今回ベナンの病院でのインターンを紹介してくださった日本人の内藤さんと話した。よくあることで友人関係でも、少し心を許せば親族が病気とか、学費が払えなくて困っていると相談され、要するに払って欲しいという雰囲気を出してくるらしい。その場限りでお金を出してなんとか助けることもときには必要だし、宗教的にお金のある人は貧しい人に恵む文化もわかる。でも、私はその文化の人ではないし、いいように捉えていつまでも自立しないのはダメだと思ってしまう。先進国の自己満足なチャリティも終了すべきと思う派だ。

衝撃！　殴られる産婦

いつ見ても衝撃的な光景は、助産師が産婦を殴るということ。途上国では、患者と医療者の間に身分の差が大きくて起こってしまう。

お産後に胎盤が出ないと、子宮に手を入れて剥がす技術がある。本来なら麻酔をして行うものだが、ここではそうはいかない。

痛いと叫ぶ産婦を大人4人で羽交い締めにし、挙句には旦那を呼んできて、旦那も叫ぶ妻をグーで殴って静かにしろとキレている。そんな地獄の惨状に唖然としつつも、入る隙間もなければ、止めることもできなかった。

すったもんだの末、胎盤は出た。その後の処置で私は産婦に付き添った。暴力的なお産は見ているだけでエネルギーが削がれる。

私は産婦と目を合わせて、痛みに耐える彼女の手を握るしかなかった。出産後に、こんなにも暴力的に扱われ、誰にもお疲れ様とも言ってもらえない。それでも、彼女は私に「Merci（ありがとう）」と言った。

これだけ苦しいことをされて、暴力的なシーンに何もできない私にお礼を言えるなんてと、自分を恥ずかしく思った。この国の女性は本当に強い。お産がないとちょっとホッとするくらいだ。

ランチを食べながら何人かの助産師と話した。分娩介助では産婦をぶっ叩く乱暴者もいるけれど、落ち着いて個々の助産師と話すと、知識はちゃんとあるし、それなりに教育を受けている人たちということが会話の内容からわかる。

彼女たちは日本の助産師より、よっぽど幅広い仕事内容をこなす。お産だけじゃなく、家族計画とか産後健診とか正常経過〜まあまあ異常くらいまでは医師はノータッチ。それを考えると、日本の助産師はまるで未熟児かというくらい独立性がない。だから、彼女らの助産師としての独立性は本当に素晴らしいと思う。暴力はよくないが。敢えて言えば、こちらの助産師は超音波やＮＳＴ（胎児心拍数モニタリング）がないのでテクノロジーが苦手だ。その代わり触診などの手の感覚が冴えている。

青年海外協力隊でベナンに派遣されていた友人によると、国立の看護師助産師学校があって、そこが国内唯一の国家資格が取れる学校だ。奨学金の枠で受験すると20倍くらいの倍率だが、バカロレア（大学入学資格）が必要で、それを取れる人はそもそもエリートだから、助産師は超がつくエリート。そして授業料を払える枠で入れる人は、かなりお金持ち。そりゃ偉そうにもなる。

ここの助産師は大概、自家用車を持っているし（自家用車あるinベナン＝運転手いるin日本）、服装を見ても、ウェスタンスタイルというか、Tシャツにジーンズ姿でトラディショナルなアフリカ服はほとんど着ていない。スマホ普及率が増え、InstagramやTikTokなどで簡単に世界の人々の生活スタイルにアクセスできる今、彼らの富裕層への憧れは強い。

富裕層、庶民、貧困層と明確に引かれたラインはどの国にもある。ベナンでも中心街のおしゃれなレストランでは、ノートパソコンで仕事をしている人がいて、そのすぐそばには、道で物を売る子どもたちがいる。日本よりもその引かれたラインの差は激しい。日本では、ＳＤＧｓ（持続可能な開発目標）という言葉が流行し「10年で飢餓をなくす」など非現実的な目標が並ぶ。かなり政治的ビジネス臭が強い。本当に達成できると思って言っているとしたら、その政治家はお花畑に住んでいるか、どうかしているかのどちらかだ。ＳＤＧｓは、私にとっては、Ｓ（それは）Ｄ（できない）Ｇ（ごめん）の略語でしかない。人間が目標達成のために長期継続可能なのって、ある意味、戦争くらいだ。

コロナのパンデミックによって、予定より早く幕を閉じた「フリーランス助産師inベナン」。大規模な腹痛に襲われ、トイレに紙がなくて焦った日が今となっては良い思い出だ。

絶望的な日本の避妊、中絶、性教育

日本では、年間百万人の出産がある。一方、それとは別に、およそ30万件の中絶がある。

海外で助産師をして驚いたのは、避妊方法の多様性とコストの安さだ。日本は、とにかく避妊の方法が少ない。ピルとコンドーム、以上。コンドームの失敗率は10パーセントほど。確実な避妊法は低容量ピルだが、保険外なので１か月２千５百円ほどかかる。さらには、避妊で失敗した、または避妊なしで性行為をした場合に、妊娠を防ぐための薬「緊急避妊用ピル」があるが、これも２０２３年11月に、やっと試験的に薬局での販売が始まったという遅れっぷり。そして、６千円～２万円という高値！　先進諸国では、とっくの昔から薬局で買えるし、アフリカやヨーロッパでは無料か、せいぜい10ユーロ程度。学校でくれるところもある。

中絶について言えば、日本では今も多くの病院が手術（掻爬《そうは》）をしており、ＷＨＯ（世界保健機関）からは、体の負担が大きいのでやめるようにと20年前から言われている。子宮内に傷を残す可能性もあり、その後の出産で癒着胎盤や大量出血を招くこともあるからだ。２０２３年、内服薬での中絶が限られた施設でやっと認められたが、これもまたぼったくりで、原価は数千円の薬なのに10万円ほどする。

いつも「避妊」関連の話になると、「乱用する」「性が乱れる」という意見が一般人のみならず専門家からも必ず出る。しかし、自分勝手な男たちに妊娠させられたケースはあとを絶たず、「避妊」によって不本意な妊娠や中絶から救われる女性が大勢いることは間違いない。

安全な人工妊娠中絶は女性の権利である。

しかし、日本のＳＲＨＲ（Sexual and Reproductive Health and Rights・性と生殖に関する健康と権利）は本当に終戦直後から進歩がない。

根本的には、性教育を見直すべきだ。インターネットに誰でもアクセスできる現代、教える側が恥ずかしがってオブラートに包んで伝えても、子どもたちはもう全てを知っている。臭いものには蓋をして、寝た子を起こさない日本の古い性教育のままでは、いつまでも日本社会は童貞だ。性に関しては、海外のほうがよっぽど成熟していると感じる。

8章 自分自身の旗を立てよ

日本は住みやすいけど、生きにくい

日本にいるときは、東京で看護師または助産師として働いている。満員電車に揺られ、出勤するのは大の苦手だ。朝のラッシュの電車内では、強烈な負のオーラに毒される。車内に流れる気だるい空気、携帯を見つめる人、眉間に皺を寄せて寝ている人、小学生までもが船を漕いで寝ている。未来の大人がすでにお疲れだ。

街に出ればそこらじゅうに見える、あの手この手で消費を促そうとする騒がしい広告に、心がいつもざわつき、見えない何かに気持ちが忙殺される。そして「同じように行動する人」の多さに驚く。春先になるとよく見る、全く同じようなリクルートスーツ、髪型、バッグの若者たちの集団は、覇気がない個性を失ったペンギンのようだ。私自身は、あんな個性を潰すリクルートスーツなんて全裸より恥ずかしいと思っていたが、とにかくみんな一緒、はみ出してはならないという精神が見て取れる。

世界的に有名な「沈没船ジョーク」というものがある。世界各国の人々が乗った豪華客船が沈没しかかっています。しかし、乗客の数に比べて脱出ボートの数は足りません。従って、その船の船長は乗客を海に飛び込ませようとします。船長は、アメリカ人に対しては「飛び込めばヒーローになれますよ」、イタリア人には「海で美女が泳いでいますよ」、フランス人には「決して海には飛び込まないでください」、イギリス人には「紳士はこういうときに海に飛び込むものです」、ドイツ人には「規則ですので海に飛び込んでください」、北朝鮮人には「今が亡命のチャンスですよ」、中国人には「美味しい食材が泳いでいますよ」、日本人には「皆さんはもう飛び込みましたよ」と言う。各国の国民性を皮肉ったジョークだが、世界に知られる日本人の国民性は「周りに合わせる」なのである。

大陸から隔離されている島国日本は、歴史上、他国に支配されることもなく、単一民族の均一的な空間を作り上げた。ほかの人と同じであることが当然のように育ち、教えられ、それに疑問を持つこともなかったのだろう。結果、「周りがどうか？」と「ふつう」が気になって仕方がない民族になったのかもしれない。

周りに従っているだけだと頭は暇で、やたらと他人を観察する。他者をものさしとして幸か不幸かを絶えずジャッジし、世間的にはどれが正解なのかいつも検索。そして、他人の言葉にいちいち操られる。やがて他人と自分の境界線が曖昧になって、周りと同じであるべき仮の自分ができあがる。最近は、これを同調圧力というが、この国では

「人は人、私は私、それでいい」を貫くのが非常に難しい。日本にいるときに感じる生きにくさは、この「自分らしく生きるのを抑制されている」ことがかなり大きい。

初めて、父に勧められてオーストラリアに留学した高校生のとき、授業でディベートやプレゼンテーションが多いことに驚いた。純ジャパニーズの15歳の私になんの意見があるというのか。でも、この海外での生活で、他人にどう見られるかより自分がどうありたいか、そして自分の意見を持つことの大切さを知った。私が、生きにくさから解放されたと思えたときだった。

海外で働いて10年、英語の会議もあるが、実は自分の意見を言うことはいまだに苦手だ。でも、欧米諸国では意見を言わないのはバカかいないかのどちらか。会議中に「何か言え、何か言え自分」と心の中で呪文のように唱えていることもしょっちゅうだ。どう頑張っても、必ず誰かには否定される。

場数を踏んで失敗したら自分でケツを拭く。そして手を洗ってすぐ立ち上がる。自分の意見を言うということは、自分の存在を示し強く権利を主張することである。それができる環境は海外のほうがはるかに多い。

日本の治安の良さは誇るべき

自分の生まれ育った日本はもちろん好きだ。ご飯はこの上なく美味しいし、生活も便利だ。コンビニは24時間開いていて、いわゆる百円ショップで日用品はなんでも揃い、電車は時間通り運行される。郵便物や宅配も日付指定ができ、留守なら再配達さえしてくれる。公共のトイレも無料できれいなものばかり。この生活の便利さは、神がかっている。

こんなことは世界の常識ではまずあり得ない。郵便物は家の前に放置され、たとえ盗まれても不在だったほうの責任。駅や街中で携帯をいじっていたら、ひったくられるのは日常茶飯事。日本のコンビニにあるような美味しいお弁当など皆無で、スーパーの惣菜もがっかりなものが多い。日用品の質もイマイチで、絆創膏は水につけずとも2秒で剥がれる。電車は遅れて当たり前だ。

以前、イタリア人の友人が日本に遊びに来たときに「日本は本当に安全で快適。物乞いや泥酔したホームレスも少ない。そして、道に薬でラリってる人もいないし、スリもいない。トイレはタダでどこでもきれい。レストランでは座れば水とおしぼりが出てくる、マンマミーア！　イタリアだったら、そんな安全とサービスなんてあり得ないから」と言った。

確かに日本は治安もいい。子どもが遊ぶような公園に使用済みの注射器が落ちていることもなく、街中のスリやぼったくりも海外に比べたらずっと少ない。スーパーの前に子ども連れの物乞いやビール代をくれと言うホームレスもいない。

もちろん日本も多くの社会問題を抱えてはいるが、島国という体質と真面目な国民性がこの環境を作ったのかもしれない。

いずれにしても、幼い子どもが一人で留守番や登校ができる、この治安の良さは誇るべきだと思う。

日本は鎖国だ

日本には世界のニュースが流れない。5Gの速さで世界の裏側までニュースが届く時代にここまで情報が流れないのは異常だと思う。政府による報道規制で「見せたいものしか見せていない」という現実もあるが、多くの情報は「平均的な日本人」が見たいように作られている。売れそうな記事を書いているだけで、そこに有益な情報はない。特に、芸能人の不倫ネタなどは心をざわつかせるだけなので、私はメディアからは意識的に距離を置いている。

しかし毎日、短い時間だけれど世界で今起きていることや世界の経済、海外のニュースなどをポッドキャストで聞くようにしている。日本のメディアよりも早いし、日本では流れない情報がたくさんあって、世界の流れがわかる気がする。特に流行りの「意識高い系」を目指しているわけでもなんでもない。世界で何が起きているか知りたいという気持ちになると同時に、鎖国状態のような日本では世界の情報に取り残されているという恐れのような感覚がそうさせる。海外の仕事仲間とも頻繁に連絡を取るし、彼らから得る生の情報も大きい。英語で海外の記事やニュースが理解できればリアルタイムで情報交換もできる。

人は「見たいものしか見ない」習性を持っている。インターネットで情報が溢れまくっている現代では、ＡＩやフェイクニュースの出現などによってどれが真実で必要な情報なのか、自分で判断できる教養が必要な時代になった。

ここで差がつくのは、やはり語学だと思う。語学ができると生きるオプションが増える。日本国内でしか使えないような資格を受験や就職のために取るくらいなら、その勉強の時間を語学に使い、海外に出て世界を自分の目で見たほうがよっぽど人生に意味を与えてくれると思う。勝手知ったる日本ではわからなかった、世界の広さを知ることができる。そして、自分の常識は狭い世界の偏見だったと気づく。私もまだまだ知らない世界を知って人生をアップデートしたいと思う。

リアルは一つも伝わらない

ＮＧＯの活動に証言活動は付きものだ。証言活動とは、現場で起きている現実を社会に訴えること。帰国後のオフィスでの広報からの聞き取りだけでなく、新聞、テレビ、雑誌などのメディアの取材も受けた。しかし派遣を重ねるにつれ、この「証言活動」というものに疑問と葛藤が生まれてきた。

大体の場合、インタビューをする側には想定するシナリオがあり、私がそれに沿った発言をするように、誘導する質問をしてくるインタビュアーが多かった。要は、自分たちに都合の良いことを言って欲しいのだ。それを言うまで角度を変えて質問し続ける。インタビューされるのが私じゃなくても、ある程度同じ内容になる構造だ。当時、そんなに経験もなかった私は、当たり障りのない期待された言葉を放っていたと思う。「この悲惨な現実を知ってもらいたい」という、よくある世間に望まれる締めの言葉も使っていた。世界で何が起こっているかより、自分の顔にできたニキビのほうがよっぽど気になる。それが私のような一般人の現実だ。今となっては、ふーっと吹けば飛んでいってしまいそうなくらい軽い言葉に感じる。

帰国して、現場のリアルなことを事務所で報告しても「内容が重すぎる」、「セキュリティ的に言ってはいけない」、「想定するイメージに合っていない」などと言われ、その報告はピックアップされず、世に出ることもなかった。

街中で見る、情に訴える写真と注目を引くキャッチーな言葉のNGOのポスターやインタビュー。それは多くの場合、実際に現地で私が見る現実とは違っていた。

大量出血の血の匂い、子どもが死んで泣き叫ぶ母親の声、テントの病院の中の砂ぼこり、スタッフのエゴのぶつかり合いで気まずいオフィスの空気、汗でびしょびしょの紙カルテ、バッタの大量発生で夜トイレに行きたくないから、部屋で空き瓶にオシッコしたときの気持ち、疲れて帰ってきたときに飲んだ泥の味のする水、誰も自発的に洗い物をしないから汚くて絶望的な共同キッチン、朝起きたら屋根がなかったときの目に差す朝日、深夜に見た死んだ胎児の半目の眼差し……。それは必ずしも人が見たい情報ではないかもしれない。でもこれが、私の中に生き残る真実。

そういうリアルは一つも伝わらない。

いつも似たような淡々とした文章に少しだけドラマティックな情報を加え、自分たちの活動が優等生に映る記事を見るたび「実際の現場は、ユートピアで青い鳥を探してるわけじゃないのに……。これが証言活動なのか？」と自分に問いかけていた。自分だけでなく、メディアにも組織にも。もちろん、中には素敵な記事もあったし、私の想いを正当にインタビューしてくれた人もいた。私のような凡人助産師に人生の思い出となるほどの素晴らしい機会を与えてくれたことには感謝している。

しかし所詮、戦争のない国に生まれ、満足な教育を受けた私が、現地の人の気持ちを本当に理解などできるはずがない。そこで暮らす人々の生活に浸かり、生活者の目線で証言活動するなど不可能であり、わかったふりをするのはこちら側の奢りではないのか。多くの証言活動が、組織にとって都合の良い一瞬を切り取ったもので、クリーンなイメージ作りを徹底しているだけだ。そういう媒体を「無の境地」で冷ややかに見るようになった。組織で働く限り私は駒であり、私がやめても誰も困らない。

「もう、自分に嘘をついて働くのはやめよう。ネームバリューや資金力よりも一緒に働く人の価値観や人間関係を大切にしたい」と、私は９年間働いたＭＳＦを離れることにした。

この決断に後悔は一切ないし、やはり自分が正しいと思うほうへ向かわせる引力はいつも強力であると確信する。

今の私にできること

２０１７年、救助船を下船したあとに、何か自分にできることはないかと考えた。やはり活動にはお金が必要だ。救助船は本当にお金がかかる。２０１７年当時のアクエリアス号の一日のチャーター費は１万１千ユーロ（当時の為替レート１３０円で約１４５万円）。今ではガソリンも高騰し、人材費も含めれば一日２百万円はくだらない。私は、クラウドファンディングに挑戦することにした。

目標は百万円。そんな大金など集めたこともなかったが、友人たちに励まされ挑戦が始まった。特に寄付文化のない日本で、ましてや遠い地中海の救助船なんて、多くの人にとっては未知の世界である。

でも、寄付を集めるのに人の情を利用するのは嫌だった。支援者が満足するように感情を操作するネタを作り、お金を集めるのは感動ポルノみたいで苦手だ。救助船の活動している内容を見て応援したいと思ってくれる人が寄付をしてくれればいいと考えた。

それでも、たくさんの人が協力してくださり、目標を超える131万円を集めることができた。寄付してくれた人には、一人ひとり感謝の気持ちを込めてお礼をした。

クラウドファンディングは、救助船に戻れる日まで毎年やろうと決めた。翌年と救助船に戻った2019年の3年間で、総額5百万円以上をSOSメディテラネ（SOS Méditerranée・ヨーロッパの救助団体）に寄付できた。協力してくださった方々には本当に感謝している。お金を集める責任にエネルギーを消耗したが、その分多くのことを学べた。

そして2023年6月、一つのニュースが目に入った。25万ドルという料金を払った人たちの乗った潜水艦タイタンの行方がわからなくなり、乗客5人が亡くなった。このニュースは、連日連夜テレビで放送されていた。同じ頃、地中海を渡ろうとした船が沈没し5百人以上が行方不明、おそらく死亡となったが、メディアで注目されることはなかった。

「一人の死は悲劇だが、集団の死は統計上の数字に過ぎない」という言葉を言った人がいるようだが、皮肉なことに、この状況にピッタリの言葉だった。海を渡る人が、統計上の数字にならないように、やはり救助船は必要だ。

このニュースが、私をもう一度クラウドファンディングに挑戦させた。物価高で景気がいいとは言えない中、またもたくさんの人たちが協力してくれた。救助船は私が自分らしく働ける好きな場所の一つだ。遠い日本からできることは「祈る」ことではなく「行動」すること。これからも寄付活動は地道に続けていく。もちろん、救助船が不要な日が来ることが最善だが。

なぜ船に戻るのか

毎度毎度、繰り返される理不尽な政治勢力との戦いや差別、人間のエゴなど、救助船の仕事は心身共に疲れる。ではなぜ、私は船に戻るのか。これという明確な答えはいまだにない。でも、もしかしたらと思うのは、そこに自分の技術や経験が必要とされていると感じるからだろう。

日本で助産師として働くのは、私じゃなくてもできる。でも、船の上では限られた薬や器材で港に着くまでの時間でできることをしなければならない。分娩も中絶もヘリ搬送の判断も助産師が一人で行う。患者との会話は英語かフランス語。そのほかの言語は翻訳機を使う。言語が通じなくても、これまでの経験から何を伝えたいかはなんとなくわかることも多い。アフリカや中東、アジアで働いた経験から彼らの文化も少しは知っている。リモートセッティング（病院がなく、物資や人材も乏しい環境で医療を行うこと）での経験は助産師としてはあるほうだ。

しかし、こんな技術は、医療が発達していて、そこらじゅうに病院のある日本では、必要がないし、使い道もない。船だからこそ、これまでの私の経験が生きるのである。過去の汗は嘘をつかない。さらに助産師は船に一人。救助船で働く助産師の世界人口はとても

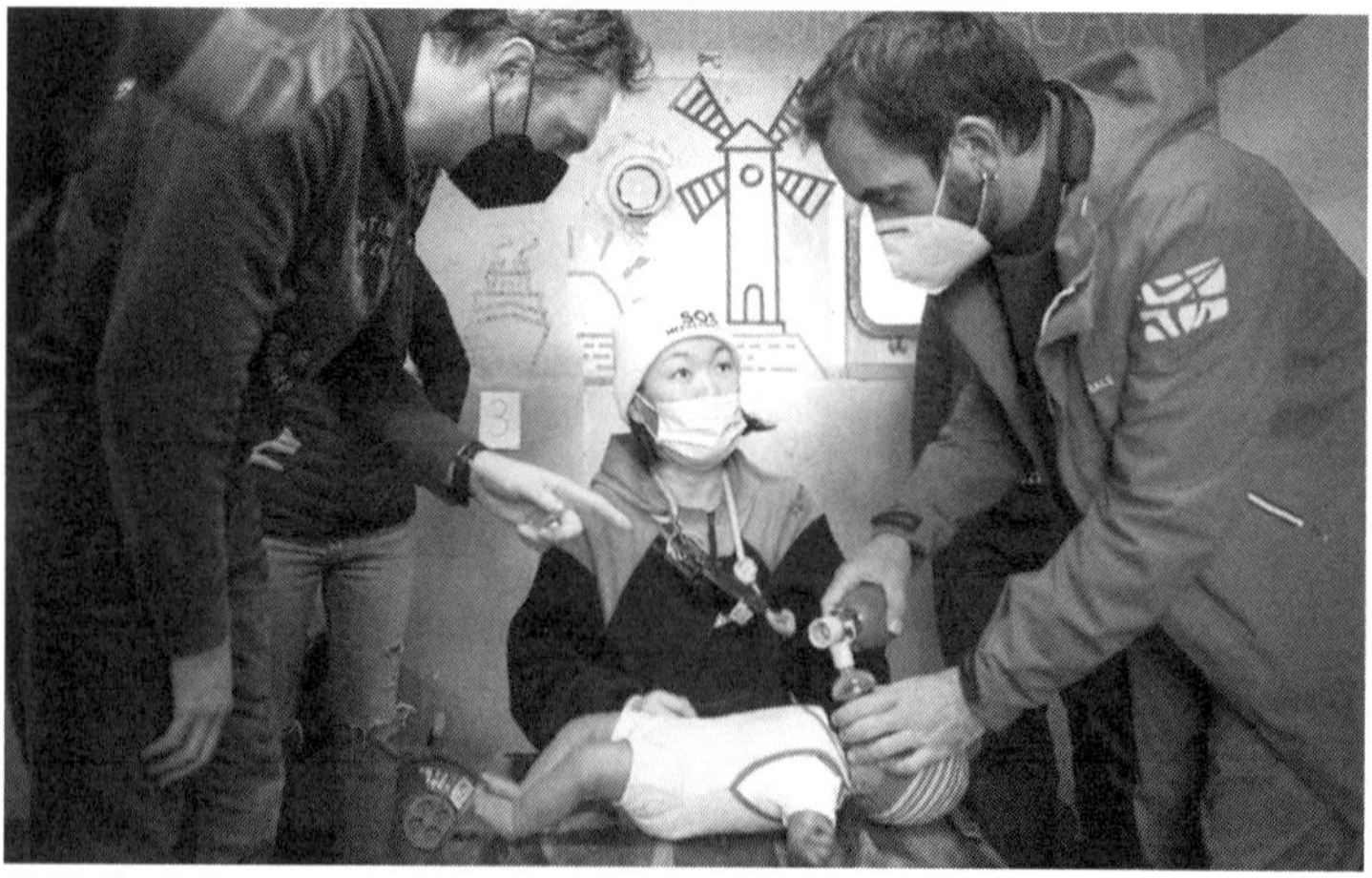
救助海域に着くまでに、船上で必要な基本的な救命トレーニングを行う。©SOS Méditerranée

少なく、競合相手のいないブルーオーシャンだ。同期と比べる競争もない。

競争の苦手な私が、自信を持って働くことができる場所だ。日本にいるとつい比べてしまうが、ほかの誰かと比べて持った自信はもろい。自信を持つのに他人の評価は要らない。自信が生まれるのは人より優れたときではなく、人と比べる必要がない環境だと知ったときだ。

「誰かの真似をして同じ場所に行くのではなく、誰もいないところに自分の旗を立てよ」

どこで聞いたか忘れてしまったけれど、いい言葉だなと当時の私にとても刺さった。目標にしていたわけではないけれど、日本の病院ではなく、地中海の船の上で働く助産師な

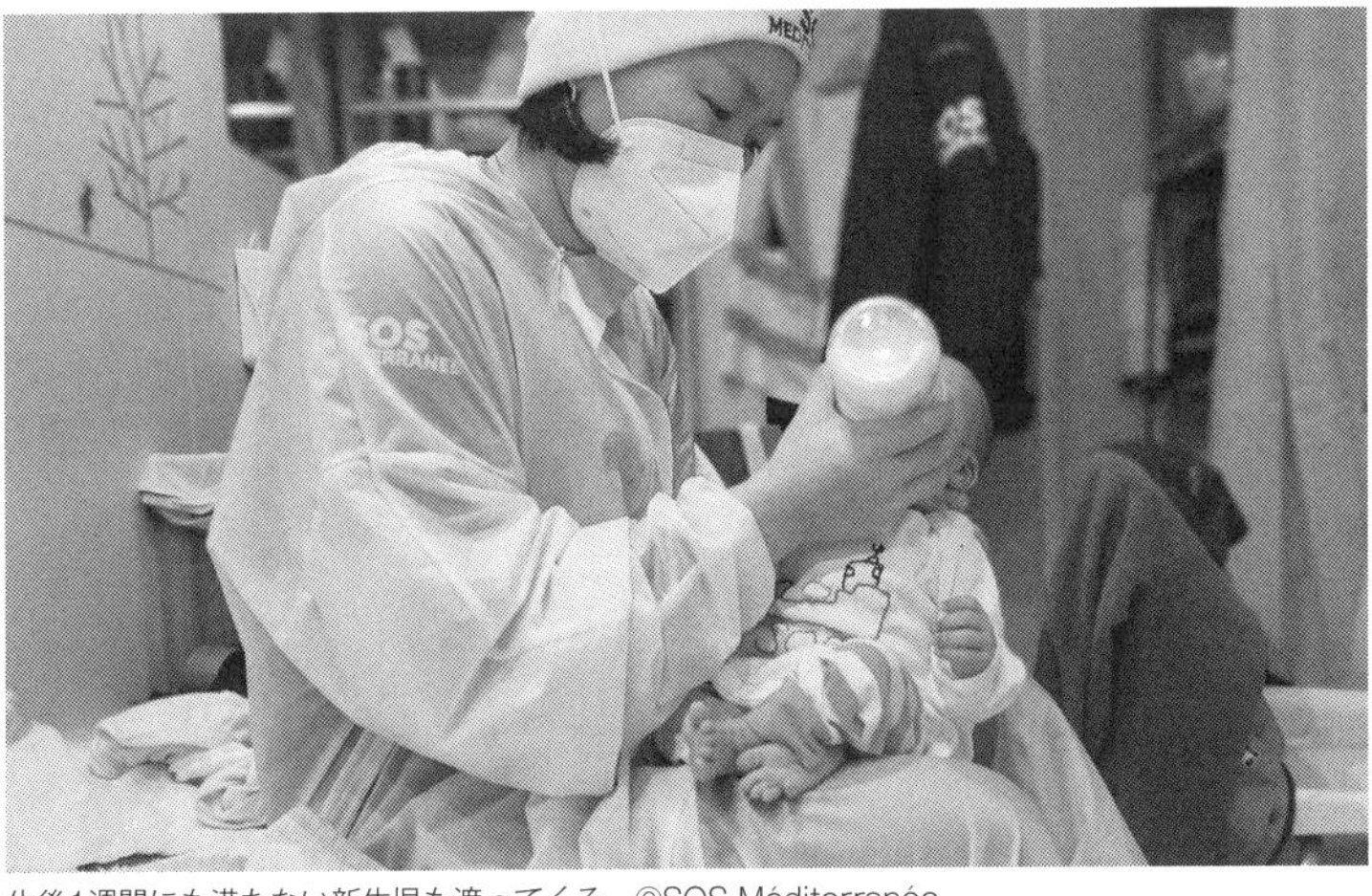

生後1週間にも満たない新生児も渡ってくる。©SOS Méditerranée

んて日本に私一人だと思う。気がついたら、私は自分の旗を立てていた。

そして、何より救助船の仕事は楽しい。海や船が好きなこともあるが、勝手知ったる自分の周りの世界だけではわからない本当の世界の広さを知ることができる。それを教えてくれるのはいつも人だ。

出会った人々から学んだことはプライスレス。何も知らずに飛び込んだ人道支援の世界だったが、多国籍の人たちの中で働いて揉まれて、今では誰にも惑わされない自分なりの軸「いいや、私は大丈夫」と思える強い心も持てるようになった、かもしれない。

救助船で働く仲間たちと。©SOS Méditerranée

Column コラム

染色体コピーミスではなかった！

一般企業で働くサラリーマンの両親のもとに生まれた私。その私が、紛争地や船で助産師として働くなんて、染色体のコピーミスだとずっと思っていた。

助産師になって2年が過ぎた頃、私が6歳の時に亡くなった曽祖母が助産婦だったと耳にした。神奈川県の自宅で助産所まで開業していたらしいのだ。事情を知っているはずの祖母は、その頃ボケが進んでいて会話もままならず、曽祖母が助産婦だったとは言っていたけれど、私は信じていなかった。

しかしこの度、実家から当時の写真が見つかり「やっぱり本当だったんだ！」と裏付けが取れたのだ！

もし、いま曽祖母が生きていたら、一緒にどんな話をするのかなぁ。

曽祖母（左から2番目）の写真、助産婦の仲間と。

おわりに

最後まで、この本を読んでいただきありがとうございます。2018年に、初めての本を出版し、もう二度と本は書かない！　と言ったにも関わらず、今こうして2冊目の本を出版した私は、なんて嘘つきなのだろうと思っています。

どんな心境の変化で、なぜ2冊目を書くことを決心したのか。本を書くことは、時間もエネルギーも使うし、さらには、見ず知らずの人が、私のことを知る怖さもあります。しかし、海外でNGOの仕事を続ける中で「国際協力」という世にあるクリーンなイメージに隠された大きな矛盾にぶち当たりました。そして、それまで抱えてきた疑問や葛藤を抱えきれなくなり、誰かとどこかで共有したいと思ったのです。

私は、世間一般で言われている「国際協力」という分野で働いていますが、特に学生時代から目指してきたわけではありません。周囲の人には、「立派な仕事をしていて偉い」と言われますが、たまたま自分のライフスタイルに合っているというだけで、世界平和を日々願って生きている自覚はありませんし、私自身が立派な人間だとも思っていません。

ただこの仕事を続けている魅力は、「勝手知ったる日本ではわからない、世界の広さ」を知ることができるということです。私は日本の多くの人に「海外に出たほうがいい」と大きな声で言いたいです。日本は海外から見るとかなり特殊な国で、文化もかなり独特です。どんな方法でもいいので、一度は日本を出て、外から日本を見たほうがいい。自国を外から見ないと、本当の姿が見えないと思っています。

そのためには、やはり「語学」。英語に限らず、他言語ができると、生きていく選択肢が増え、できることの幅が広がるのは確かです。日本の病院で鬱々と働いていた助産師が、海外で自分らしく働ける場所を見つけられたのは、やはり「英語」です。とは言っても、10年以上海外で働き、会議もレポートも英語ですが、その私の英語力は決して高いものではありません。ウクライナで働いていたとき、クラシックバレエの鑑賞に行きました。題目は「白雪姫」。その中に出てくる、7人の小人という言葉が英語でわからず、とりあえず出てきた言葉は「セブン　スモール　ピーポー」。それでも通じたのです。

10年間、英語を使って働いてこのレベルです。だから、英語を勉強している皆さん、勇気を出してください。

この本が出版される頃には、私は40歳を迎えています。多国籍の人々と「国際協力」という分野で働いていると、その人となりが如実に現れます。どんなに有名な会社で働いていても、地位や名誉があっても、「ひと」を相手にする仕事で最も大切なのは人間力ではないかと思います。そんなきれい事を……と言われるかもしれませんが、これが、私が10年間、海外で働いた結果、行き着いた今のところの答えです。

まだ20代だった頃、この分野の大先輩に「人生経験が生きて、広い視野を持って多角的に物事を見られるようになるのは40歳からよ」と言われたことがあり、よし！　やっとその40代が来た！　と思っています。体力的にきついと感じることもないわけではないですが、この日のために頑張ってきて良かったと、そう思える日まで私はこの仕事を続けるつもりです。

最後に、この本の出版に携わっていただいたすべての方に厚く御礼申し上げます。

主な活動記録

2000.4	～2003.11	高校（メルボルン）
2005.4	～2008.3	杏林大学医学部附属看護専門学校
2008.4	～2009.3	独立行政法人国立病院機構東京医療センター附属東が丘看護助産学校　助産学科
2009.4	～2013.6	東京医療センター　産婦人科
2013.7	～2013.8	タンザニア（ボランティア）
2014.3	～2014.7	パキスタン（MSF）
2015.3	～2015.9	イラク（MSF）
2015.12	～2016.9	レバノン（MSF）
2016.11	～2017.2	地中海（アクエリアス号・MSF）
2017.5	～2017.9	南スーダン（MSF）
2017.11	～2018.1	バングラデシュ（MSF）
2018.12	～2019.3	カメルーン（MSF）
2019.6	～2019.10	地中海（オーシャンバイキング号・MSF）
2019.11	～2020.1	ベナン（ボランティア）
2020.8	～2020.12	地中海（シーウォッチ号・MSF）
2020.12	～2021.1	地中海（オープンアームズ号・オープンアームズ）
2021.4	～2021.11	地中海（ジオバレンツ号・MSF）
2021.11	～2022.1	地中海（オーシャンバイキング号・SOS）
2022.4	～2022.5	地中海（シーアイ号・ドイツ）
2022.6	～2022.8	地中海（オーシャンバイキング号・SOS）
2022.12	～2023.3	ウクライナ（MSF）
2023.4	～2023.5	地中海（オーシャンバイキング号・SOS）
2024.1	～2024.2	地中海（オーシャンバイキング号・SOS）
2024.6	～2024.8	地中海（オーシャンバイキング号・SOS）

著者略歴

小島毬奈(Marina Kojima)

1984年、東京都生まれ。練馬区立春日小学校、石神井東中学校卒。オーストラリア・メルボルンの高校卒業後、帰国。2005年、看護学校へ進学。2008年に卒業後、助産学校へ進学。2009年都内の病院の産婦人科に就職。2014年から紛争地で助産師として医療活動を始める。リビア沖から地中海を渡る「死のルート」上で捜索救助船にて活動。2016年から8年間で11回乗船。

船上の助産師

2024年9月30日　　第1刷発行

著　者　　小島毬奈
発行人　　高橋利直
編　集　　岡田承子　永田聡子
発行所　　株式会社ほんの木
〒101-0047
東京都千代田区内神田1-12-13 第一内神田ビル2階
TEL 03-3291-3011　　FAX 03-3291-3030
E-mail　info@honnoki.co.jp
ブックデザイン　　倉橋伸治
編集協力・校正　　松井京子
印　刷　　中央精版印刷株式会社

ほんの木ウェブサイト　https://www.honnoki.jp

ISBN978-4-7752-0149-7　Printed in Japan